日本失落了吗

从日本第一到泡沫经济

[日] 橘川武郎——著
田中景——译

浙江人民出版社

图书在版编目（CIP）数据

日本失落了吗：从日本第一到泡沫经济 /（日）橘川武郎著；田中景译. — 杭州：浙江人民出版社，2020.10

ISBN 978-7-213-09744-7

Ⅰ. ①日… Ⅱ. ①橘… ②田… Ⅲ. ①经济史—研究—日本—近现代 Ⅳ. ①F131.395

中国版本图书馆CIP数据核字（2020）第089099号

浙江省版权局
著作权合同登记章
图字：11-2020-022号

日本失落了吗：从日本第一到泡沫经济

［日］橘川武郎　著　田中景　译

出版发行：浙江人民出版社（杭州市体育场路 347 号　邮编：310006）
　　　　　市场部电话：（0571）85061682　85176516
责任编辑：郦鸣枫
特约编辑：赵　霞
营销编辑：陈雯怡　陈芊如
责任校对：朱　妍
责任印务：刘彭年
封面设计：蔡小波
电脑制版：北京唐人佳悦文化传播有限公司
印　　刷：杭州丰源印刷有限公司
开　　本：710 毫米 ×1000 毫米　1/16　　印　　张：13.5
字　　数：109 千字　　插　　页：1
版　　次：2020 年 10 月第 1 版　　印　　次：2020 年 10 月第 1 次印刷
书　　号：ISBN 978-7-213-09744-7
定　　价：49.80 元

如发现印装质量问题，影响阅读，请与市场部联系调换。

推荐序

“素未谋面”又“似曾相识”

(一)

作为大学日语专业毕业，一直没间断对日交流，也写过不少日本问题文章的科研人员，迄今为止，学到、看到、听到和想到的关于日本的事情可谓不计其数，读过和收藏的日本方面的书籍也算充箱盈架，来往日本的次数自诩不可胜计，认识的日本友人更是不胜枚举。但当这样一本书映入眼帘，跳跃着向我走来，却让我产生了一鼓作气读完它的冲动。

浙江人民出版社的编辑打来电话询问我能否为他们即将推出的一本关于日本经济的书籍作序的时候，说实话我还没有充分的心理准备。作序不是简单的事情，至少要先抽出专门的时间研读，然后用心去体味，最后审视自己的内心，有无发自心底的触动，有无直抒胸臆的快感，有无驾驭文字的能力。有了这些，更要看是否还有写序的“小确幸”。当初粗略通读了一遍橘川武郎先生的《日本失落了吗：从日本第一到泡沫经济》后，我知道，写好这篇序不仅仅是私语私境的“小确幸”，还有因无意中得到向一位东瀛学者表达敬意的机会而窃喜，以及抒发素未谋面、以文邂逅的感佩情怀在作怪。就这样，欣然从命就变成了无所谦让的快事一桩了。

（二）

日本是个迷人的国度。研究日本、在日学习过的人都或多或少有此感受。樱花的惜春、短暂和凄美，扶桑国与倭国的辨析，扶桑木与槟榔树的传说，富士山的灵隐与神秘，佛教之都京都，神道之国镰仓，都让日本之外的民众着迷。掀开神秘的面纱一探究竟的渴望，让“访日外国游客”成为一个特别的经济词汇。日本人是神秘的民族，矛盾的族群。犹如人类学家鲁思·本尼迪克特描述的那样：“日本人既好斗又和善，既尚武又爱美，既蛮横又文雅，既刻板又富有适应性，既顺从又不甘任人摆布，既忠诚不二又会背信弃义，既勇敢又胆怯，既保守又善于接受新事物。”从这段话也可管窥日本文化含蓄的特色与内敛的特质，除了宗教文化的清新恬淡、世俗文化的情色混合，就是死亡文化也折射着无与伦比的内敛，直叫人感叹人性的冷峻与硬朗。

日本经济则是见仁见智的存在，东亚奇迹与泡沫崩溃似乎是一枚硬币的两面，成就了日本的正反借鉴乃至于混沌的组合。日本的成功是东亚的神话，也是亚洲的骄傲，日本的阵痛是东亚的遗憾，也足以让赶超国家惊醒。我不擅长经济，没有资格给日本经济盖棺定论，也无法根据感情色彩去界定自己心目中的日本经济。内心希冀以知日的角色偏好，给日本经济一个公正的裁决，却发现缺乏厘清的眼界，看清的水准，洞见的能力。好在橘川先生的这本书，增添了我的自信，循着他编织的世界，沿着他的故事视角，咀嚼他的麻辣观点，日本经济的又一个轮廓变得鲜明，一圈儿又一圈儿的疑问也随之豁然开朗，化成生活离不开的经济学涟漪。“他山之石，可以攻玉”，踩着别人的肩膀攀登果然省力，序的文字之墙越砌越高，橘川先生的大作成了天梯，让我拾阶而上，也增添了一介学术布衣的忐忑不安。

（三）

与橘川先生没有面谈的缘分，但这本书拉近了我们之间的距离，越看到最后，我越有一种时空交错之感，写到最后，也越来越感受到冥冥之中想行注目礼的那种冲动。书俨然成了平台，数据俨然成了窗口，观点俨然成了纽带，我透过文字，试图探寻他的学术精髓，厘清在经营史学框架下，他论述日本经济的另类思路。

论述日本经济的书可谓汗牛充栋，但其中良莠不齐，只有好的书让人记得真切。例如傅高义的《日本第一》《日本还是第一吗》，野口悠纪雄的《战后日本经济史》《泡沫经济学》，还有赖肖尔的《日本人》，高桥敷的《丑陋的日本人》，新渡户稻造的《武士道》等。在我的视域里，橘川先生是一位勤奋的教授，研究领域既涉及日本经营史、能源产业论，也有区域经济论和体育产业论等拓展学科。1983年，他在东京大学大学院修完经济学博士课程后，先后担任哈佛大学商学院客座研究员、东京大学社会科学研究所教授、一桥大学大学院商学研究科教授、东京理科大学大学院教授等职。我对他的专著《日本能源问题》印象深刻。橘川先生的《日本失落了吗：从日本第一到泡沫经济》更是一本好书，这本书从经营史学视角出发，以日本明治维新开国前到现在150年的经济走势为主线，从经济环境、产业演变、企业腾飞三条支线展开，聚焦过程和问题，设定疑问，提出对策和建议。时间有交错，时空有重叠，既有学术视角，也有实践总结，既有经验分析，也有教训警示，既有专业呈现，也有平民情怀，可谓“一人一书一世界”“一字一句总关情”。在注意力分散而关注度又聚焦的时代，因视角不同，想要让一本书被所有人接受自然不太可能，语言和文化的差异更让这件事难上加难。我想，能让多数人接受的书，就可以说是一本好书。作为抢先阅读的读者，我相信橘川先生这本书不会让大家失望。

我认为这本书的吸睛和点睛之处有如下三点：

一是客观性和学理性的较好统一。好书首先必须保持相对的客观性，这是我评判书的标准之一。《日本失落了吗：从日本第一到泡沫经济》似乎有这个“癖好”，文字里都透着追求客观的基因，随处就有不需要特别的基础就可以明白作者立足经营史学“编织”的“故事”。因为有了客观性作基础，支撑学理性的“言之有理”就不请自来地跃然纸上了。刚看的时候，我也非常好奇，以经营史学来开篇布局，究竟想要导引出什么结论？看罢，掩卷思索后，我终于明白：经营史学这门起源于美国的学问，以历史的方法对经营组织的变迁进行实证解析，经营学和历史学合二为一，以企业为核心研究对象，解决了经济学抹杀企业和经营者自主性，过分注重客观性和共通性、忽略特殊性和自主性的缺憾，同时也解决了经济史学侧重结果，透过现象确定客观意义、无法解析解构演变过程的遗憾。可以让人们从基于时间顺序的历史视角、正确的历史观背景下以大局观考察日本经济的兴衰起伏，洞察日本的产业，厘清企业发展脉络，揭示阻碍新生的问题所在，进而启示当代、引领未来，得出产业和企业发展的动力所在，为走向新生提出解决对策。这不是单纯的历史学梳理可以做到的，也不是单纯的经济学叙事能够实现的。他让读者明白日本持续了几十年的高速增长为什么在此后掉头向下、黯然失色，并且一直没有实现真正意义上的新生的症结。从日本第一到泡沫经济，日本失落并非见仁见智，基于事实和过程来看，日本失落没错，这是对的结论！

二是说服性和资料性的相互支撑。好的书以理服人，能给没有表情的文字插上喜怒哀乐的翅膀。与动辄脸红脖子粗的激辩不同，橘川先生的书是娓娓道来和侃侃而谈，像在古巷一隅的私塾里讲课，又像在论证严肃的企业课题，没有甚嚣尘上的戾气，没有枯燥的说教，寓教于乐，寓教于字，加上资料的辅助功能，使本书摆脱了各个章节“公说公有理，婆说婆有理”支离破碎的困境，具有了让你口服心服，最后心悦诚服的阅读之酣畅，衔接之连贯，思考之尽致。本书的说服性体现在通过对日本经济的时间序列，企业及产业的发展变迁、经济转换的历史背景，产业演变的潜力梳理，展现出150年来日本经济的演变及日本产业的进化。这本书告诉了我们，是谁推动日本经济步入正轨，实现日本经济高速增长，日本新生的路径又在哪里。其结论就是企业，没有企业和产业的新生，就没有日本经济的新生。从幕末开港及随后完成产业革命，从明治维新到经历两次世界大战，从战后的经济恢复、高速增长到稳定增长期，再到泡沫经济破灭、摸索日本新生道路，作者使用第一手资料，娴熟运用经营史学，为读者呈现了充分的内容。这也印证了经营史学实证解析的研究基础与资料的相辅相成，缺一不可。从观点的高度，本书要深藏；从资料的广度，本书要收藏。我自然占了近水楼台先得月的便宜！

三是可读性和争鸣性的彼此欣赏。如果书为了学术而学术，让人无法读下去，那至少不能算是一本成功的书。在网络化、数字化、智能化的时代，保证书籍的阅读性不仅考验作者，也挑战出版社的眼光，但归根结底作者调度和驾驭文字的能力是主因。橘川先生无疑是文字的料理师和魔术师，经济书籍的无趣、数字的枯燥在他那里无影无踪，文字会跳动，数据会走路，观点会说话，这也告诉读者一个道理：经济书籍应是最浅显道理的集大成，是通俗易懂和引人入胜的。百家争鸣是我们挂在嘴边的词，但真正能引起争鸣是需要底力和设计的，橘川先生的“日本企业处于发达国家的突破性创新和新兴国家的破坏式创新的夹击下”“将局部的危机错误地理解为全局性危机的日本企业完全丧失了自信”等观点，“在日本企业不断向全球拓展的情况下，日本政府的作用基本上只能在国内发挥，与以往相比，将更加受限”等阐述，都让人感觉出一种咄咄逼人的辨析压力，嗅到一股寒气萧瑟的争鸣张力。是日本政府的“当局者迷”，还是学界的“旁观者清”，橘川武郎的书让人振聋发聩。

（四）

如果说回眸日本经济史，抑或日本产业及企业史，我们把它比喻成一条时间的隧道，那么研究上述过程的学者们就是穿行在这条隧道中的电车。不同的是，有的人误判了日本经济发展的走势成了慢车，有的人搭上腾飞的便车蜕变为时代的宠儿也成了快车，还有的人孜孜以求，始终不懈地追求抵达制高点的快感成了特快车。在我的眼中，橘川先生就是专注日本经营史学研究近40年并学以致用，在该领域取得较高成就，成为驾驶特快电车的人。我也非常高兴借此序言与先生相逢在研究日本经济的时空隧道里，坐在可以独享他学术思想、律动观点的车厢里，再次去感受他接下来的作品带给我们的学术盛宴、精神洗礼和思想享受。不是每一个人都有机会遭遇一种知己般的学术邂逅、学理相识，从这个角度，我还要感谢浙江人民出版社给予的与先生以文相会的机会。虽然现实中我与橘川先生素未谋面，但心灵却似曾相识，代序虽短，文字为媒，语言不同，寄情无限。

人海茫茫中，或是偶然，抑或是必然，我成了橘川先生的粉丝，我愿意与读者分享这份先生还不知晓的快乐。期盼着，蓦然回首，先生的作品继续在灯火阑珊处，而我则是暗影里继续默默守望关注的异域读书人，总是安于一隅，喜欢听日本世事，愿意品日本万象，没事写点眼中的日本和日本人的中国北方普通读书人。

笪志刚

2020年8月3日于梦石斋

序言

2018年既是平成时代的最后一个整年，也是明治维新后的第150年。本书就是我在这一年执笔撰写的。

从明治维新开始到现在的150年里，一方面，日本在现代化和工业化的道路上突飞猛进，取得了显著的经济发展成就，并跻身发达国家的行列；另一方面，在这短短的历史中，有一段时间被称为“失去的十年”，日本经济的成长几乎陷于停滞，日本企业的竞争力下降。

在1968年，日本的国民生产总值（GNP）就已经位居资本主义国家中的第二位，那时是日本经济发展最令人振奋的时刻。但在迎来明治维新150年之际，日本经济的前景依然不明朗，几乎看不到什么值得兴奋的现象。

明治维新以来的日本经济的成长势头为什么在进入平成时代之后消失殆尽了呢？日本经济和企业怎样才能恢复活力呢？找出这些问题的答案正是我撰写本书的

目的。

我是研究日本经营史的，从 20 世纪 90 年代就开始发表与本书主题相关的论著。此次，我决定将这些研究成果汇总、整理，写一部从日本被打开国门到现在的经营通史。从 20 世纪 90 年代开始，日本经济以及日本企业持续低迷，直到今天也没能摆脱这一困境。

我认为，历史学就是一门解决当前问题的学科。从这个立场出发，我想为“日本经济为什么黯然失色？日本经济如何走向新生？”这两个问题给出答案。

经营史学在社会科学的各领域中尚属比较新的学问，是 1929 年经济大萧条前后在美国诞生的。由此可知，这一学科与现实社会关系密切。在第二次世界大战结束之后，伴随着企业经营理论的发展，经营史学开始走向世界，经营史学会纷纷成立。

从与现实社会的关联来看，以 2008 年的“雷曼事件”为开端爆发的世界性经济萧条持续至今，人们由此开始深思“资本主义到底怎么了”。经营史学可以让人们从历史的视角观察现代社会，并为现代社会提供启示。在世界上的主要国家，大家对经营史学的期待不断增强。

经营史学已不单纯是解析经营历史的学问了。经营史学可以通过厘清过去的脉络，揭示现在的问题并提出对策，开拓通往未来的道路。现在的经营史学扮演着新角色，发挥着新作用。

很多人都说历史很无趣，是否真的如此呢？如果将那些具有重要意义的事件按照发生的时间顺序，进行逻辑性考察，我们便能顺着一条线捋出一个个故事（story）。“历史”的英语单词是“history”，如果把这个词分成两部分，它就变成了“hi story”，也就是“你好，故事”。

阅读本书无须具备特别的基础知识，希望各位读者能够在参考我“编织”出的“故事”的同时，也能编织出自己的“故事”。

在本书出版、发行之际，感谢日本经济新闻出版社的堀口祐介先生对我的鼎力支持！

橘川武郎

目 录

活跃的革新型企业家

日本式经营与经济增长

第五章 黯然失色

——泡沫破灭以后

经济急转直下和长期低迷

序　章

什么是经营史学

本书回顾了从江户时代末期到2018年的日本经营史。在撰写本书之前，我的大脑中一直存在着两个问题：

（1）日本经济起步早、成长快，但为什么此后便黯然失色了？

（2）过去肩负日本经济成长使命的人有谁，而现在又有谁？

其中，第一个问题可以分解成以下三个问题：

第一个问题是，为什么说日本经济起步早，并快速地驶入了正轨？

日本经济的发展固然晚于欧美国家，但是在新兴国家和地区中却是最早的。要想找出这一问题的答案，必须要把时针拨回江户时代末期日本开放港口（结束锁国）的那一刻。

第二个问题是，驶入正轨的日本经济是如何实现世界史上罕见的长期高速增长的？

在20世纪初完成了工业革命的日本，从1910年到1980年维持了几乎世界上最高的经济增长率。日本经济虽然因为1945年日本在第二次世界大战中的失败而出现了暂时性的倒退，但从结果来看，其快速成长期持续了大约80年，这是十分惊人的。深入挖掘其中原因非常重要。

第三个问题是，长期的高速增长，由于20世纪90年代初的泡沫破灭而戛然而止，此后的日本经济一蹶不振，这种状态一直持续到了今天。这究竟是为什么呢？

对于日本经济来说，20世纪90年代被称为“失去的十年”，但实际上，这种状态一直持续到现在，甚至变成了“失去的二十年”“失去的三十年”。因此，搞清日本经济黯然失色的真正原因，对于探索日本经济如何走向新生具有重大的意义。

为此，本书聚焦经济增长的实际状态变化，以此来回顾日本经营史。

在讨论经济增长之际，必须要将目光转向问题（2），也就是关于肩负日本经济成长使命的人是谁的问题。为什么这么说呢？其理由就存在于经营史学这一学问的特殊性之中。

什么是经营史学

讨论日本经营史的前提，是搞清楚经营史学是什么。所谓经营史学，就是利用历史的方法对经营组织的变迁进行实证解析的学科。研究对象不仅是企业，还包括政府机构、非营利团体（NPO）和非政府组织（NGO）等。但是，其中最重要的研究对象还是企业，这一点是毋庸置疑的。

可以说，经营史学就是将经营学和历史学结合在一起的产物。说明经营史学独特性的有效方法，是将其与相近的学科进行比较。因此，我先将经营学和经济学进行比较，在此基础上再将经营史学和经营学进行比较。

经营学与经济学

在企业经营领域，经营者及企业的个性和自主性具有重要意义。经营学作为一门独立的学科得以存在，大概也是因为人们重视这些个性和自主性吧。

在纯粹的经济学中，企业和经营者的个性和行为的自主性都被抹杀了。所有的企业和经营者都被设定在特定的环境中，基于某种经济合理性开展同样的行动。之所以对其进行这样的设定，是因为逐一关注企业和经营者的个性，构建抽象的模型，再展开高难度的经济理论分析，这基本上是不可能做到的。

但是，从现实情况来看，企业像生物一样，每一家企业都有其个性，会自主开展行动。要想让企业和优秀的经营者生存、成长，商机自然必不可少，但实际上能充分利用商机的，其实只有为数不多的企业及经营者。

战败后，在被盟军占领的时期，日本曾有100多家大大小小的摩托车厂，如今却只剩本田、雅马哈等少数几个厂家；依靠晶体管打入世界市场的，并非率先开始大批量生产的神户工业株式会社（以下简称“神户工业”），而是在商品化开发方面取得巨大成就的东京通信工业株式会社（后改名为索尼株式会社）。只有那些卓越的企业及经营者，才能充分利用商机，取得成功。

经济学将重点放在共性和客观性上，而经营学重视的则是个性和自主性。经营史学是经营学的其中一个组成部分。接下来，本书从经营史学的角度出发，对日本的经济成长展开讨论，同时回答前述第（2）个问题。

经济学与经营学这两者之间的区别，其实也反映在经济史学与经营史学的不同视角中。经济史学是从结果出发对历史现象进行评估，将重点放在确定其客观意义上。与此相对，经营史学则更重视过程，是从事前（ex ante）的视角对特定的事件展开分析。

经营史学和经营学

在分析特定现象的时候要重视过程，这一点在经营学和经营史学之间并无区别。那在研究方法上，两者又有哪些异同呢？

从某种意义上来说，产生这样的疑问是理所当然的。因为日本著名的经营学家沼上干提出的“行为经营学”分析方法，在以下两个方面与经营史学的分析方法具有共性：

第一个共性就是主张案例研究的有效性。

沼上干在其著作《液晶显示器的技术革新史——作为行为联动系统的技术》中，对这一点做了如下阐述：

> 针对案例研究，有人提出要从自然科学常用的方法论立场出发，根据以下四个标准对案例研究提出批判：
>
> （1）内在效度（使用的解释模型是否合适）；
>
> （2）建构效度（概念与数据能否做到一致）；
>
> （3）可靠度（反复观察后能否得到相同的结论）；
>
> （4）外在效度（利用其他的样本能否得到相同的结论）。
>
> 案例研究必须要达到前两条标准，但对后两条标准则不作要求。为什么呢？后两条标准"如果在社会上受'结构不变性原理'所支配的这一假设不成立，就不能对社会科学研究提出这样的要求"。[①]

根据上述的讨论，沼上在该书中的立场是"社会科学研究应该达到的目标，并非找到那些可以用于一般情况下的模式，而是要了解其背后的行为系统"。

假设经营史学的研究方法也存在"结构不变性原理"，并简单粗暴地将其用于解决所有问题，对于这种过

① ［日］沼上干：《液晶显示器的技术革新史——作为行为联动系统的技术》，白桃书房，1999年，第23页。

于简单的演绎方法，还是应该采取谨慎的态度。经营史学强调历史背景，无非是要我们将着眼点放在每一个案例背后的“行为系统”的固有发展脉络上。

第二个共性就是主张考虑时间流逝带来的影响。换言之，就是要进行时间序列分析。沼上在该书中非常重视这一点，经营史将按照时间顺序进行分析视为第一要义。

相对于沼上提倡的“行为经营学”，经营史学家主张将相对的时间经过与绝对的时间经过相联结。也就是说，不仅要进行时间序列分析，还要考虑绝对年代，这样做才能体现经营史学的独特性。

所谓考虑绝对年代，是指一件事情放在 21 世纪初应该这样做，而放在 20 世纪 30 年代就应该那样做，也就是说，在分析各种各样的现象时，要在考虑其时代背景之后再作评价。

考虑绝对年代的前提，是必须要对时代有准确的认识。换言之，就是要有正确的历史观。只有拥有正确的历史观，才能拥有正确的大局观。正确的历史观和大局观是奠定经营史学基础的必要条件。

应用经营史的研究方法

如果再具体地谈一下在今天的日本应该明确的经营史学的存在意义，那便是经营史学能够给出不同于其他研究方法的、针对日本经济和日本企业改革具体的落实方案。之所以提出这样的建议，是因为能从经营史学归纳出应用经营史这一方法。所谓应用经营史，是指通过研究经营史，分析产业发展和企业发展的动力，即主导产业和企业发展的力量，在此基础上给今天相关产业和企业面临的问题以解决对策。

一般而言，想要从根本上解决特定的产业和企业面临的深刻问题，无论有多么“高尚的理念”和“正确的理论”，如果不能结合该产业和企业所处的历史背景，是不会取得成效的。并且，要想解决问题，就必须要有巨大的能量，但是，产生这种能量的根源在于该产业和该企业所蕴含的发展动力。

不过，在很多情况下，这种动力都是潜在的，要想将其挖掘出来，则必须对该产业和企业长期的变迁进行细致的观察。

如果能够在观察中把握发展的动力，就能据此找到解决问题所必需的能量。将这一能量融入时代背景中，结合恰当的理念和理论，或许今后能找到解决问题的途径……这就是应用经营史的观点。

本书采用应用经营史的研究方法，在回顾从江户时代到今日的日本经营史的基础上，希望能针对日本经济以及日本企业改革给出不同于其他研究方法的具体落实方案。

本书的章节构成

本书首先介绍了为日本经济实现较早起飞并迅速驶入增长轨道做出贡献的人。在第一章中，我将讲述从日本第一次遭遇资本主义的幕末开港，到日本完成工业革命、日俄战争结束时期的历史。接着，我将深入挖掘为日本经济实现长期高速增长做出贡献的人。第二章讲的是从日本经济增长加速的明治末期到第二次世界大战时期的历史。第三章讲述了日本经济遭受挫折之后的再出发，也就是第二次世界大战刚结束时期的那段历史。在第四章中，我们将目光对准日本经济的高速增长期和稳定增长期。

本书后半部分提出了日本经济为何失速，以及如何走向新生的问题。在第五章中，我主要讲述从泡沫经济破灭到现在这段时期的历史。第六章，我将从写作本书的 2018 年这个时间点出发来探索日本经济走向新生的道路。在后记中，我将对全书进行总结复盘。

第一章

后发国的工业革命

——从幕末开港到日俄战争

从原始积累到工业革命

幕末开港的冲击

在进行机械化大生产之前，工业化其实就在手工业中开始了。可以说，日本在江户时代就出现了工业化的萌芽。19世纪中叶，以纺织业为中心的批发式家庭手工业已经取得了较大的发展，在一部分地区甚至出现了工厂手工业。

但是，这些都仅仅是带有“工业化之前的工业化”意义的原工业化。原工业化也被称为“原始工业化”，是美国经济史家富兰克林·门德尔斯(Franklin Mendels)在开展有关18世纪的佛兰德（Flandre）研究时提出的概念。日本真正的工业化是在幕末开港、与欧美列强接触后才开始的。

1853年，美国海军提督佩里率领舰队来到日本，史称“黑船来航”（因为当时舰船的颜色为黑色，所以被称为黑船）事件。1854 年，日本与美国签署了《日美亲善条约》（又称《神奈川条约》）；1858 年，又签署了《日美友好通商条约》。之后，日本被迫放弃锁国政策并开放港口。

当时，英国稳居“世界工厂”的地位。日本在与以英国为首的资本主义强国直接接触之后，才清醒地认识到与这些国家在经济实力与军事实力方面的巨大差距。在这种时代背景下，日本与这些国家签署友好通商条约，被迫接受资本主义强国对司法权的侵害（单方面的领事裁判权）和关税自主权的丧失（实行协定关税制）。

其中，协定关税制“使日本成为世界上少有的自由贸易实践国，剥夺其关税自由”①。直到 1911 年，日本与美国签署《日美新通商航海条约》，这才基本收回了关税自主权。

幕末开港带来的最大政治影响，就是它成了尊王攘夷运动的导火线，最终导致德川幕府的垮台和日本封建制度的完结。关于 1868 年明治维新的历史意义，直到现在仍存在着两种对立的观点：一种是明治维新的意义可

① ［日］三和良一：《日本经济史概说：近现代》，东京大学出版会，1993 年，第 23 页。

媲美世界历史上的市民革命，都促成了近代国家的成立；另一种则认为明治维新只不过是一场诞生了半封建绝对主义王权的变革。

本书站在第一种观点的立场上，更关注明治维新带来的一系列制度变革的重要意义。通过这一系列变革，进行经济活动不可或缺的契约的自由、营业的自由、迁移和职业的自由等得到了保障。1873年开始的地租改革以及其后的秩禄处分改革，确立了日本近代的土地所有权制度。

原始积累的进展

从经济的角度来说，幕末开港给日本社会带来的重大影响是加速了原始积累。原始积累是指支撑资本主义发展必不可少的两大要素，即资本和以工资为生的劳动力。

明治维新之后，原始积累仍在继续。在大隈财政和松方财政带来的通货膨胀和通货紧缩的冲击①下，农民阶

① 大隈重信和松方正义先后于1873年和1881年就任大藏卿。大隈在任时期推行的财政政策致使通货膨胀加剧，松方在任时期推行的财政政策则使通货紧缩加剧。

层的分化日益加剧，原始积累迎来了大结局。1882年日本银行的成立，象征着原始积累的两大要素之一，即资本积累已初步完成。

在1880年前后的日本，股份制大型企业纷纷成立，其中主要包括：1879年成立的东京海上保险、1881年成立的日本铁道、1882年成立的大阪纺织。

这些开创性企业的成功，增加了人们对股份公司制度的信任，在1886年至1889年的4年时间里，日本掀起了成立股份制保险公司、铁路公司、纺织公司等的热潮。这段时期也就是人们所说的企业勃兴时期。这场企业勃兴热潮虽然因1890年爆发的经济危机而遭遇了挫折，但是，日本的工业化亦是实打实地得到了全面的推进。

后发国家——日本的工业革命

在企业勃兴时期后，1890年日本发生经济危机，这也意味着日本全面开始了资本主义生产。如果从整个国家层面确立了资本主义才能称为工业革命的话，那么，日本的工业革命比英国晚100多年，也就是始于19世纪80年代。

日本作为一个后发国家，在进行工业革命时，一方面能够利用先发国家开发的新技术，另一方面，也面临着必须在来自先发国家的进口压力之下实现工业化的问题。

在后发国家，由于劳动力成本较低，劳动密集型轻工业承受的压力还不算大，但资本密集型的重工业则饱受先发国家的巨大进口压力。

因此，后发国家要想完成工业革命，必须实现以下三点中的其中一点：

（1）不仅要在纤维工业等轻工业领域进行机械化大生产，还要在重工业领域实现机械化大生产；

（2）将轻工业变成出口型产业，以确保重工业产品的稳定进口；

（3）确定将重工业产品国产化的时间表。

关于（1），1883 年，大阪纺织会社（以下简称“大阪纺织”）旗下拥有 1.05 万个纱锭的大型工厂正式投产。这成为一个重要的里程碑。关于（2），1897 年棉线的出口量超过进口量，1900—1905 年生丝出口迅猛增加，成为重要的出口创汇产品。关于（3），1904 年日本国营八幡制铁所的高炉正式投产，到 20 世纪头 10 年就满足了造船业和兵器制造业对钢铁的需求，形成了钢铁自给自足的局面。

就这样，日本的工业革命在 20 世纪头十年就已经完成了。

在工业革命的过程中，日本经历了两次战争，即 1894—1895 年的中日甲午战争和 1904—1905 年的日俄战争。经过这两次战争，日本的财政规模迅速扩张，财政资金被投放于诸多领域。

首先，在中日甲午战争之后，日本于 1895 年占领中国台湾，并相继推行了如下政策：1896 年，扩充军备，制定《航海奖励法》和《造船奖励法》，成立国营制铁所；1897 年，日本以从清朝获得的巨额赔款为资金后盾，确立了金本位制，并成立特殊银行①（日本劝业银行于 1897 年开始营业，各府县农工银行于 1898—1900 年开始营业，北海道拓殖银行于 1900 年开始营业，日本兴业银行于 1902 年开始营业）；推广电信电话；等等。

1906 年，在日俄战争之后，日本扩充军备，实行铁路国有化并成立南满洲铁道株式会社，还推行了扩建国

① 指日本政府为了达到特殊目的，根据《特殊银行法》成立的银行。其特点是受到政府的保护，同时由政府监督。

营制铁所和电信电话事业等诸多措施。在此之前，1905年，日本占领库页岛南部；在此之后，1910年，日本吞并朝鲜半岛，开始殖民活动。

三种类型的工业化旗手

三种类型的经营者

在日本的工业化进程中，涌现出一大批实业家，他们大体上可以分为三种类型：

（1）以岩崎弥太郎为代表的资本家经营者（owner managers）；

（2）以中上川彦次郎为代表的专家型经营者（salaried managers）；

（3）以涩泽荣一为代表的出资人经营者（investor managers）。

在本节中，我将对这三种类型经营者的活动分别进行深入挖掘。在此基础上，我们将着眼点放在这三者的关系上。

以岩崎弥太郎为代表的资本家经营者

三菱财阀的创始人岩崎弥太郎经常被人们与涩泽荣一相提并论。“个人主义的岩崎和合本主义的涩泽荣一”，就是其中的代表性观点。城山三郎在以涩泽荣一为原型的小说《雄气堂堂》中也表达了同样的观点。事实上，他们二人曾经在海运领域展开过异常激烈的竞争。

原土佐藩的下级武士岩崎弥太郎于 1870 年开创海运事业。1873 年，他将公司改名为三菱商会。明治维新之后，他在与日本邮便汽船会社的竞争中获胜。1877 年，西南战争爆发，邮便汽船三菱会社承包了明治政府的军事运输任务，在日本各地建立联运合作社，并与这些合作社分别签署了合同，由其一家独揽装船。

但是，由于 1881 年的政变，明治政府转而限制了邮便汽船三菱会社的活动。因此，有政府作为后盾的新的海运公司，即共同运输会社与邮便汽船三菱会社之间展开了异常激烈的竞争。涩泽荣一就是共同运输会社的前身——东京风帆船会社的核心发起人之一。

1885 年，岩崎弥太郎去世，此后，共同运输会社和邮便汽船三菱会社相互让步，并于同年进行合并，成为日本邮船会社（以下简称“日本邮船”）。岩崎弥太郎去世后，其弟岩崎弥之助继承三菱财阀的事业。在弥之助的带领之下，三菱财阀真正开始了由海洋向陆地拓展的多领域发展，为三菱财阀的发展壮大奠定了基础。

岩崎弥太郎创立了自己的公司，并控制着公司的经营权，是资本家经营者的代表性人物。在工业化初期，日本出现了许多像岩崎弥太郎那样既是创业者又是资本家经营者的实业家。比如，创立安田财阀（被称为“金融财阀”）的安田善次郎、创立浅野财阀（被称为“产业财阀”）的浅野总一郎、创立古河财阀（同属“产业财阀”）的古河市兵卫等。

出生于富山县的安田善次郎来到江户，于1866年开设安田商店，从事汇兑业务。1880年，在幕末维新的混乱局面下，安田善次郎利用为江户幕府和明治政府双方“打工”而积蓄下来的资金成立了日本安田银行。此后，他将全国各地的银行控制在自己手中。1912年，他设立了保善社（后更名为“安田保善社”），作为统括整个安田财阀的控股公司。

同样出生于富山县的浅野总一郎，在经历多次失败后，于1884年在深川的国营水泥工厂竞拍转让中胜出，并成功地将该工厂的经营引入正轨。随后，他又将业务拓展到与水泥行业关系密切的煤炭业和海运业。

浅野总一郎还积极参与京滨工业带的填海造地，在填好的土地上建设了日本钢管和浅野造船所等关联企业的工厂。1918 年，他成立控股公司，名为“浅野同族株式会社”。但是，浅野财阀在筹集资金方面存在一定的短板，离不开涩泽荣一和同乡安田善次郎在金融领域的支持。

1877 年，出生于京都的古河市兵卫收购了足尾铜山，1885 年又收购了院内矿山和阿仁矿山等。他的业务主要以矿业为中心，并在其他领域不断拓展。古河市兵卫采取了专心于矿山事业的基本方针，除了从事电解精炼铜及铜线制造等关联重要业务之外，他对发展其他业务持消极态度。

但是，在古河市兵卫去世后，古河财阀积极拓展各项业务，于 1911 年成立古河合名会社①，力图成为综合性财阀。古河财阀在金融方面也离不开涩泽荣一的支持，与浅野财阀有着相同的弱点。不过，1921 年，因在大连的大豆投机交易失败，古河商事的破产使得古河财阀为向综合性财阀发展而付出的努力变成徒劳。

① 合名会社这一名称起源于日本明治时期，是指由两个以上成员组成，每个成员对公司债务负有无限责任的无限公司。——编者注

以中上川彦次郎为代表的专家型经营者

值得注意的是，在第二次世界大战以前的日本，相比非财阀企业，财阀企业中出现了更多专家型经营者。他们是被聘用的经营者。专家型经营者充分利用其在高等教育机构和任职单位所掌握的专业知识，一步步晋升成最高经营者。与基于所有权而成为最高经营者的资本家经营者不同，专家型经营者属于另外一种类型的实业家。

在财阀企业中涌现出许多专家型经营者，这是因为："日本的财阀对所有权起着双重遏制作用，一是体现在家族成员与总公司的关系上，二是体现在总公司与直系子公司的关系上。"①

在家族成员与总公司的关系方面，家族成员的所有权都被置于共同所有制之下，这是日本当时的现实情况。共同所有制"不承认家产的分割，不容许家族内各家庭自由处理本来属于私有的家产"，起到了制约所有权的作用。

财阀总公司是其直系子公司的大股东。到 1930 年

① ［日］橘川武郎：《日本的企业集团》，有斐阁，1996 年，第 231 页。

为止，在日本所有大企业，包括非财阀企业的董事会中，专家型经营者所占的比重有明显增加。这充分说明，以财阀企业为中心，专家型经营者开始大量涌现。①

中上川彦次郎作为专家型经营者在财阀企业中发挥了带头作用。1891 年，他担任三井银行理事。1892 年，他又担任副理事长。当时，三井银行由于其与政商两界的复杂关系产生了大量坏账，正陷于严重的经营危机中。中上川积极处理不良贷款，通过投融资等培育各工业企业，对芝浦制作所、王子制纸、钟渊纺织、北海道炭矿汽船、富冈制丝所等提供资金支持，大量任用专家型经营者，推行了一系列改革，全身心致力于三井银行的经营重建。

但是，由于中上川所推行的工业化路线在短期内造成三井银行的业绩下滑，因此，三井银行内部对他改革的批评声越来越大。在这样的背景下，1901 年，年仅 47 岁的中上川去世了，他最终也没能亲眼看到自己改革的成果。

中上川是毕业于庆应义塾的专家型经营者，他也将许多校友召集到三井家族的事业发展中。被他召集来的

① ［日］森川英正：《日本经营史》，日本经济新闻社，1981 年。

人主要有：朝吹英二（从三菱转来三井，后成为王子制纸会长）、藤山雷太（后成为王子制纸专务董事、大日本制糖社长）、武藤山治（后成为钟渊纺织社长）、和田丰治（后成为富士瓦斯纺绩社长）、池田成彬（先后担任三井银行常务董事、三井联合常务，后成为日本银行总裁、大藏大臣）、日比翁助（后成为三越会长）、藤原银次郎（后成为王子制纸社长）、小林一三（后成为阪急电铁会长、东京电灯社长、商工大臣），等等。他们后来都成了第二次世界大战以前日本代表性的专家型经营者。

虽然三菱也会重用专家型经营者，但主要是因为身为资本家经营者的岩崎弥太郎和岩崎弥之助采取了积极任用专家型经营者的举措。

进入三菱的有：毕业于庆应义塾的庄田平五郎（后成为三菱合资总公司负责人）、吉川泰二郎（后成为日本邮船社长）、丰川良平（后成为三菱合资公司银行部长）、朝吹英二、山本达雄（后成为日本银行总裁）等；毕业于东京大学的近藤廉平（后成为日本邮船社长）、末延道成（后成为东京海上会长）、加藤高明（后成为内阁总理大臣）、矶野计（后成为明治屋创始人）等。

以涩泽荣一为代表的出资人经营者

涩泽荣一既不是像岩崎弥太郎那样的资本家经营者，也不是像中上川彦次郎那样的专家型经营者。岛田昌和曾对涩泽荣一的企业家活动进行过详细研究，他提出了值得大家关注的观点。他认为，涩泽荣一属于“出资人经营者”①。

涩泽荣一于1873年担任第一国立银行总监一职，1875年成为该行行长。以此为起点，从19世纪90年代至20世纪，他历任东京瓦斯、东京制钢、京都织物、东京人造肥料、东京石川岛造船会社、帝国酒店、王子制纸、盘城炭矿、广岛水力电气、札幌麦酒等股份公司的会长。并且，他还积极参与了大阪纺织、日本铁道、东京海上、日本邮船等大型企业的创立，作为这些企业的董事发挥着重要作用。

涩泽荣一作为民营企业家活跃于日本实业界的经济思想基础是“合本主义”。所谓“合本主义”，是指为了达到谋求公共利益这一使命和目的，寻找最适合的人才与资本，将事业向前推进的思想理念。

---

① ［日］岛田昌和：《涩泽荣一的企业家活动研究——战前企业体系的创建和出资人经营者的作用》，日本经济评论社，2007年。

根据岛田昌和的观点，涩泽的企业家活动主要表现在两个方面：

（1）同时成立了数家近代化企业；
（2）让那些必须长期支持的、与基础设施相关的产业以及近代化不可或缺的产业走上正轨。

（1）的重要意义表现在，涩泽荣一通过成立股份公司确定股票价格，然后出售部分股票来保证资金，再将资金用来成立下一家企业。（2）的重要意义表现在，通过出资，涩泽充分利用了横跨各个领域的企业家人脉。

岛田昌和还认为，涩泽荣一成立公司后在股东大会上发挥的作用主要体现在三个方面：

（1）作为大股东发挥作用；
（2）作为独立董事发挥作用；
（3）除了在股东大会中发挥作用之外，还积极支持企业通过合并来增强实力。

岛田得出的结论是："人们希望涩泽荣一能居中协

调、调解和斡旋解决问题，满足各方诉求。”①

说到与涩泽荣一脾气相近的出资人经营者，就不能不提活跃在大阪实业界舞台的人——五代友厚。人们常说，“东有涩泽荣一，西有五代友厚”。

资本家经营者与出资人经营者的理念不同，即表现在个人主义与合本主义上。前者将公司视为自己的所有物，与此相反，后者认为公司归股东所有。

专家型经营者与出资人经营者的不同之处在于前者终究不是依靠出资，而是依靠专业知识成为经营者。专家型经营者在公司内部不断晋升，取得所在公司的股票后变成出资人。这样的情形也非常常见。但是，他们能够晋升，终究还是依靠专业知识，变成出资人只不过是晋升的结果。与此相反，后者则是依靠出资成为经营者。出资人经营者既与资本家经营者不同，也与专家型经营者不同，属于第三种类型的实业家。

合本主义与人才培养

撰写过涩泽荣一评传的见城悌治认为，涩泽荣一将

① ［日］岛田昌和：《涩泽荣一的企业家活动研究——战前企业体系的创建和出资人经营者的作用》，日本经济评论社，2007 年。

合本主义与引进的股份公司制度相结合，“在股份公司形成过程中起核心作用的是合本主义”①。涩泽荣一的合本主义通常被人们理解为把着眼点放在钱上，目的是动员社会资金。

但是，后发国家要想完成工业化，步入经济发展的正轨，在动员资金的同时，确保人才才是决定性因素。实际上，涩泽荣一的合本主义，其目的在“生钱”的同时也在“育人”。关于这一点，在橘川武郎、岛田昌和、田中一弘编写的《涩泽荣一与育人》（有斐阁，2013 年）一书中有详细的论述。读者如果想对此作进一步的了解，可以参考该书。

表 1–1 展现了涩泽荣一将个人捐款用于不同领域的情况。从中可以看出，无论是从金额，还是从数量来看，“教育、学术”是占其捐款比重最高的领域。涩泽荣一认为，人才的培养对于近代日本的发展至关重要。因此，他在育人方面也倾注了大量的心血和财力。

① ［日］见城悌治：《日本经济思想评传：涩泽荣一之“道德”与经济之间》，日本经济评论社，2008 年，第 62 页。

表 1-1　涩泽荣一一生针对不同领域的捐款

捐款领域	金额（日元）	占全部捐款比例（%）	笔数	平均金额（日元）
教育、学术	638 557 623	34.7	190	3 360 830
社会福利事业	341 143 724	18.5	64	5 330 371
国内赈灾	94 715 461	5.1	36	2 630 985
国外赈灾	13 477 591	0.7	15	898 506
国际活动	72 633 972	3.9	65	1 117 446
宗教	141 990 098	7.7	57	2 491 054
军事	107 172 570	5.8	39	2 748 015
表彰等	37 843 405	2.1	25	1 513 736
德川家族	69 086 803	3.8	8	8 635 850
经济、产业振兴	7 952 569	0.4	9	883 619
同族亲人	144 566 256	7.9	12	12 047 188
家乡、公共事业	17 108 884	0.9	14	1 222 063
民间团体	119 414 568	6.5	60	1 990 243
其他	34 133 959	1.9	29	1 177 033
合计	1 839 797 483	100	623	2 953 126

资料来源：公益财团法人涩泽荣一纪念财团。

注：表内金额已折算成 2006 年货币价值。

三种类型经营者的关系

如上所述，在日本工业化过程中，涌现出了资本家经营者、专家型经营者、出资人经营者这三种类型的实业家。那么，这三者之间又有什么关系呢？

伴随着事业规模的扩大以及向各个领域的拓展，资本家经营者仅靠自己的力量已经难以做好经营管理工作，必须有专家型经营者的帮助。三菱财阀的岩崎弥太郎和岩崎弥之助积极起用专家型经营者就是其中的典型事例。

无法筹集到充足资金的一些资本家经营者，早期就成立股份公司，或向银行融资。在这种情况下，他们不得不依靠“成立股份公司的幕后推手”，即像涩泽荣一这样的出资人经营者。而且，涩泽荣一作为第一银行的总裁，可以通过银行融资给资本家经营者以强大的资金支持。浅野总一郎和古河市兵卫在涩泽荣一的帮助下取得成功，这正是其中典型事例。

涩泽荣一作为出资人经营者，在培养实业家上倾注了全力，成立了诸如东京高等商业学校（现在的一桥大学）等多所高等教育机构，并支持和鼓励更多的教育机构发展。从明治时代后期开始，东京高等商业学校的毕业生入职三井物产等大公司不久，就作为专家型经营者活跃在日本实业界的舞台上。在这里，出资人经营者支持专家型经营者的“补给库”机制发挥了重大作用。

总之，资本家经营者、专家型经营者、出资人经营者这三者在互为补充、各有职能分工的同时，对促进日本的工业化发挥了巨大的作用。

实现较早起飞的主要因素

有组织的企业家活动

明治维新以后的日本迅速完成了工业化，这可以称得上世界史上后发国家工业化的典型。围绕后发国家的工业化，格申克龙（A.Gerschenkron）在其1962年出版的《历史视角下的经济后发性》一书中指出，后发国家通过利用发达国家多年来开发和积累的技术和资本在短期内就能完成工业化。另一方面，因为资本及市场、熟练劳动力、技术人员、企业家等均不能充分发挥作用，必须依靠政府及银行等工业化的组织以及特殊的意识形态。

正如格申克龙所指出，在日本的工业化过程中，政府及金融机构、商社、海运公司等都发挥了重要作用，同时，“经营民族主义”的意识形态有着重要的意义。[①]

明治维新刚结束时，作为“殖产兴业政策”的重要组成部分，设立了许多国营工厂和国营矿山。日本在甲午战争和日俄战争后实行了一系列产业振兴政策，这些都表明，政府在日本的工业化过程中发挥了重大作用。

但是，也不能过分强调政府的作用，毕竟大多数国营工厂和国营矿山的经营都进展不顺。从1880年开始，明治政府通过出售国营企业使其变成民营后，企业才取得了真正的发展。

在甲午战争和日俄战争后，从事海运、造船、钢铁等行业的企业获得了政府的政策支持，取得了较好的发展。例如，在官营八幡制铁所成立之后，1901年，住友铸钢厂成立；1903年，釜石制铁所开始平炉炼钢；1905年，神户制钢所成立；1906年，川崎造船所的锻铸钢工厂开始建设；1907年，日本制钢所成立；等等。国营和民营钢铁公司不断发展壮大。非政府主导，国营企业与民营企业互为补充，共同促进经济发展，这一点可以说是日本工业化进程的特征。

中川敬一郎在吸收参考格申克龙观点的基础上指出，

---

① ［日］森川英正：《日本式经营的源头——经营民族主义的企业理念》，东洋经济新报社，1973年。

在日本的工业化过程中，与贸易相关的“有组织的企业家活动”发挥了特别重要的作用。[①] 从棉纺织业和丝绸业获得国际竞争力角度来看，可以说，商社、海运公司、银行、海上保险公司等作为近代工业的基础设施做出了重大贡献。

实现较早起飞的机制

格申克龙的研究是以后发国家的工业化为对象进行的。在此不能忽略的是，日本是后发国家中最早实现经济起飞的一个。日本经济实现较早起飞的主要原因是国营企业与民营企业互为补充，共同促进了经济发展。

那么，与其他的后发国家相比，民营企业的迅速发展壮大是如何实现的呢？

对于后发国家来说，人才和资金得到充分有效的利用是工业化取得成功的关键因素。回顾日本的工业化过程，可以说，主要得益于专家型经营者能够充分施展他们的才能。但是，要做到这一点，资本家经营者积极起用专家型经营者，出资人经营者积极培育专家型经营者

① ［日］中川敬一郎:《日本工业化进程中“有组织的企业家活动”》,《经营史学》第 2 卷第 3 号，1967 年。

等在其中亦起了重要的作用。

关于资金的有效利用，专家型经营者将资本家经营者手中的资金用于工业化，以及出资人经营者较早采用股份公司的形式动员社会资金等，都具有重要意义。

在日本的工业化过程中，资本家经营者、专家型经营者、出资人经营者这三种类型的实业家互为补充，实现了人才和资金的有效利用。与其他后发国家相比，日本的民营企业能有充分发挥的空间，正是因为上述机制发挥了作用。

第二章

步入世界罕见的快速成长轨道

——从明治末期到第二次世界大战

大众消费社会的到来

第一次世界大战前后的经济波动

日本的工业革命虽然在日俄战争（1904—1905 年）结束后不久便完成了，但是，1907 年开始的战后萧条持续了多年。1910 年前后，日本掀起了水力发电的热潮，以电力行业为中心的部分产业出现了回升的局面，但是，从整体来看，经济依然不见起色，国际收支危机日益加剧，日本经济陷入停滞状态。

1914—1918 年的第一次世界大战使上述局面得以扭转。第一次世界大战在当时被称为“欧洲大战”，可知日本虽然站在协约国（英国、法国、俄国）一方参与了战争，但却远离欧洲主场。

日本抓住了这一千载难逢的机会，向协约国出口军需物资和食品；欧洲国家因忙于参战，无暇顾及对外贸易，纷纷从亚洲市场撤出，日本趁机加大向亚洲国家出口的力度；针对美国的生丝出口也因战争而繁荣起来。与此同时，在日本国内，以往高度依赖从欧洲进口的重化学工业产品的国产化也取得了一定程度的发展，日本就这样从国际收支的危机中摆脱了出来。

在第一次世界大战时期和战争刚结束、亟须复兴的1919年，日本的经济增长率上升到空前水平，出现了“大战热”“战后热”。而且，由于受第一次世界大战的影响，国际金本位制陷入停滞局面，日本也于1917年禁止黄金出口，与金本位制脱钩。

“大战热”和“战后热”毕竟是由于第一次世界大战及随后的复兴这种暂时性原因造成的，终究没能持续多久。1920年发生的第一次世界大战后的经济恐慌使局面再次恶化，日本经济迎来了慢性萧条时代。在慢性萧条的背景下，相继出现1923年的震灾恐慌、1927年的金融恐慌、1929—1931年的昭和恐慌。

国际收支再度恶化，日本难以重建金本位制。时任大藏大臣的井上准之助果断采取措施，通过推行紧缩的财政政策，解除黄金出口禁令，日本才重回金本位制。但是，那时已经是处于昭和萧条之中的1930年1月的事情了。这场昭和萧条与起源于美国的世界大萧条在时间上基本一致，引发了诸多连锁反应，导致日本进入近现代史上最为严重的经济倒退时期，1930—1931 年，日本的名义国民生产总值出现了空前严重的下滑。

步入长期成长轨道

不过，这里不能忽视的一点是，处于慢性萧条背景下的 20 世纪 20 年代的日本的经济增长率，在国际上来看还是比较高的。由表 2-1 的第 8 栏可以看出，从 1909—1929 年，无论是从总额还是从人均来看，日本的平均经济增长率都略超当时引领世界经济发展的美国。

尽管处于萧条不断加重的局面，日本仍然实现了超过国际水平的成长，其原因在于日本的城市化和电气化不断取得进展，与此同时，国内市场亦不断扩大。三和良一认为，“日本经济以第一次世界大战为分水岭，经济规模发展到比原来高一个层次的水准”。他还提出，“从 20 世纪 20 年代开始，伴随着消费习惯的西化，日本出现了大众消费社会的征兆”。

表 2-1　经济增长率的国际比较

单位：%

	美国			英国		
	期间	总额	人均	期间	总额	人均
1	1800 → 1840	52.3	13.5	1801/1811 → 1831/1841	32.1	14.5
2	1834—1843 → 1869—1878	49.7	13.9	1831/1841 → 1861/1871	23.8	10.3
3				1861/1871 → 1891/1901	38.6	23.3
4	1869—1878 → 1879—1888	87.2	50.2	1870—1879 → 1880—1889	29.8	16.1
5	1879—1888 → 1889—1898	34.8	9.4	1880—1889 → 1890—1899	36.9	23.5
6	1889—1898 → 1899—1908	57.1	31.4	1890—1899 → 1900—1909	19.2	7.6
7	1899—1908 → 1909—1918	33.4	10.9	1900—1909 → 1910—1919	11.5	3.2
8	1909—1918 → 1919—1928	38.0	19.6	1910—1919 → 1920—1929	7.3	2.5
9	1919—1928 → 1929—1938	3.5	-7.2	1920—1929 → 1930—1939	22.7	17.6
10	1925—1929 → 1950—1954	33.2	19.2	1925—1929 → 1950—1954	16.3	11.3
11	1950—1954 → 1963—1967	42.1	20.8	1950—1954 → 1963—1967	34.9	27.8
12	1963—1967 → 1970—1972	42.2	28.5	1963—1967 → 1970—1972	26.8	20.5

	德国			日本		
	期间	总额	人均	期间	总额	人均
1						
2						
3	1850—1859 → 1880—1889	26.7	16.4	1874—1879 → 1895—1904	39.2	27.3
4	1870—1879 → 1880—1889	19.1	8.3			
5	1880—1889 → 1890—1899	37.4	23.6	1885—1889 → 1890—1899	27.6	19.4
6	1890—1899 → 1900—1909	29.2	12.1	1890—1899 → 1900—1909	23.4	10.7
7	1900—1909 → 1910—1913	27.8	11.8	1900—1909 → 1910—1919	33.2	17.7
8	1910—1913 → 1925—1929	—	4.4	1910—1919 → 1920—1929	38.3	21.5
9	1925—1929 → 1930—1938	19.3	11.9	1920—1929 → 1930—1939	41.1	22.7

续表

	德国			日本		
	期间	总额	人均	期间	总额	人均
10	1925—1929 → 1950—1954	26.5	12.5	1925—1929 → 1950—1954	18.5	3.8
11	1950—1954 → 1963—1967	83.2	63.2	1952—1953 → 1963—1967	143.3	119.7
12	1963—1967 → 1970—1972	59.3	46.1	1963—1967 → 1970—1972	178.4	147.5

资料来源：[日] 安藤良雄编：《近代日本经济史要览》，东京大学出版会，1975 年。

注：这里的期间，1801/1811 → 1831/1841 是指 1801 年和 1811 年的平均值与 1831 年和 1841 年的平均值之间的 30 年间；1870—1879 → 1880—1889 是指从 1870 年到 1879 年 10 年间的平均值与从 1880 年到 1889 年 10 年间的平均值之间的 10 年间。增长率用以 10 年为单位的增长率的百分比来表示，按复利计算。即，以最初一年的数值为 Y_0，t 年后的数值为 Yt，假设以 10 年为单位的增长率为 r，$Yt=Y_0(1+r)$。因此，把 r 换算为年增长率 r'，$r'=\sqrt[10]{1+r}-1$。国民生产总值、国内生产总值、国民生产净值、国民收入的实际数额，因国家和时期的不同有所不同。

由表 2-1 可以看出，从 20 世纪 20 年代开始，日本的经济增长率有超过美国、英国、德国的势头，虽然在第二次世界大战前后有短暂中断，但从长期来看，这一势头仍然保持了下来。并且，从第二次世界大战后的 20 世纪 50 年代中期到 70 年代初期，经济高速增长的持续时间之长和增长率之高都是史无前例的。

实行管理通货制度

与欧美国家相比，日本率先从 1929 年开始的大萧条中摆脱了出来。1931 年 12 月，犬养毅内阁再度禁止黄金出口，日本最终放弃金本位制，实行管理通货制度。最早推行金本位制的英国于 1931 年 9 月放弃金本位制，比日本早了 3 个月。金本位制在 20 世纪 30 年代初期已经瓦解，直至今日也没能得到重建。

在管理通货制度之下，犬养内阁的大藏大臣高桥是清推行了以刺激有效需求为核心的经济政策，从这一政策被评价为“领先于凯恩斯”这一点也能明白，经济复苏取得了成果。而且，通过再度禁止黄金出口而出现的日元汇率下跌（日元贬值）与 1932 年的关税调整（提高进口税税率）形成合力，促进了出口，遏制了进口。进口压力的下降带来了积极影响，在 1935 年以前，日本重工业就实现了内部良性循环，扩大生产。①

在断然采取再度禁止黄金出口举措的 3 个月前，即 1931 年 9 月，日本发动了入侵中国东北的“九一八”事变。因此，也有人提出将从 1931—1945 年第二次世界大战日本战败投降的这段时期统称为“十四年战争”的时代。有学者认为，在这一时期，日本经济一直处于战时统制之下。

① ［日］桥本寿朗:《大恐慌时期的日本资本主义》，东京大学出版会，1984 年。

但是，这种说法并不正确。在 1937 年卢沟桥事变爆发之前的这段时期，也就是在 1931—1937 年，日本经济基本上维持了以往的体制。电力行业虽然在战时统制之下成为国家的管理对象，但在这一时期却被置于由民营企业主导的自主统制之下。[①]

日本经济真正被置于战时统制之下，是在 1938 年 3 月日本政府颁布实施的《国家总动员法》和《电力管理法》（决定实行由国家来管理电力的法律）之后。

① ［日］橘川武郎：《日本电子行业发展动态》，名古屋大学出版会，2004 年。

城市化和电气化的先驱们

朝着“富裕的日本”出发

1914—1918年的第一次世界大战，极大地改变了日本经济的面貌。其中最大的变化就是第一次世界大战前后开始的城市化和电气化取得了迅猛进展，日本人的生活水平得到大幅提高，日本出现了大众消费社会的萌芽。从这个意义来看，日本经济在这一时期开始起飞，踏上了发展成为“富裕的日本”的道路。

在第一次世界大战结束之后，日本开始出现大众消费社会的萌芽。在这一背景下，从事啤酒、点心、调料、化妆品、洗涤用品、电灯等生产和销售一体化运营的企业，其营销活动开始活跃起来。发挥引领作用的有大日本麦酒株式会社（朝日啤酒、札幌啤酒的前身）、铃木商店（味之素的前身）、森永制果、资生堂、花王石碱、小林富次郎商店（狮王的前身）、东京电气（东芝的前身）等企业。

小林一三——都市型第三产业开拓者

在朝着“富裕的日本”前进之际，城市化和电气化的发展具有重大意义，城市化领域的代表性人物有小林一三，电气化领域的代表性人物有松永安左卫门。

小林一三是阪急电铁的经营者，他不仅经营电气铁路，还通过开发铁路沿线的郊外住宅、开设车站商店、创立宝塚歌剧团、东宝等，积极致力于娱乐街区——有乐町的开发，开拓了都市型第三产业这一全新领域。在九州电灯铁道和东邦电力开展科学的电力经营实践的松永安左卫门，在创立以民有民营为特征的战后日本的“九大电力公司体制”方面发挥了主导性作用，被人们称为“电力之鬼”。

《钻石》周刊在 1929 年 6 月 1 日刊登了《阪急电铁的成绩》一文，对该公司副业的发展给出了如下好评：“虽然地产住宅、宝塚歌剧团等的收益已经非常丰厚，但还有比这些更有发展前途的副业，那就是经营百货商店。该公司的百货商店于今年 4 月中旬开业，在梅田终点站大楼的西半边竣工之时，原来的市场也被迁至此处。一开始有些人担心经营规模的扩大会导致巨额亏损，但最后却是出人意料的繁荣。”这段话中涉及的所有事业，都是小林一三开创的副业。

小林一三在阪急电铁的经营取得了骄人业绩，得到了人们的高度评价。后来，他被东京电灯聘请，参与该公司的经营重组。1933 年 11 月—1940 年 3 月，小林一三担任东京电灯的社长。

小林一三作为东京电灯经营者实施的一系列举措中，最鲜明地表现其特点的就是经营改革。在东京电力株式会社编写的《关东的电气事业和东京电力：从电气事业的创立到东京电力创立 50 年的轨迹》（2002 年）中，关于小林率先推进的东京电灯的经营改革，做了详细记述。

根据该书的记载，小林推行了如下改革措施：

（1）在东京市内建立 17 家营业所的体制（1931 年 12 月）；

（2）开展扩大需求活动；

（3）改善服务态度；

（4）建立收费业务系统。

其中，针对（1），小林一三将营业所的管辖区域划分为小区域，以贯彻生意人的服务精神为本位，目的在于为客户提供更好的服务。针对（2），具体来说，他通过扩大电灯和蜡烛，特别是电气用具的销售，来扩大电的销售。（3）作为（2）中扩大需求活动的一个环节，他开展了在街上销售取暖器具的活动，其真正目的在于增强职工的服务意识。（4）中，他放弃此前采取的集中在容易收费的日子统一收费，即所谓的“旋风式收费法”，而改为在固定的日子、固定的时间、由同一收费员上门收费，使客户形成对公司的债务意识，促使在规定的日子里交付费用的客户不断增多。

总之，小林一三不仅作为“城市化的引领者”，作为“电气化的引领者”亦发挥了重要作用。

松永安左卫门——电力经营的开拓者

松永安左卫门是名副其实的“电气化的引领者”。

作为电力行业经营者的松永安左卫门的成就主要体现在两个时期：第一个时期是1908—1922年，在这一时期，他担任九州电灯铁道①及其前身各家公司的最高负责

---

① 福博电气轨道改称为博多电灯轨道后，于1912年与九州电气合并，成立九州电灯铁道。

人；第二个时期是 1922—1942 年，在这一时期，他担任东邦电力的最高负责人。他经营电力行业的卓越之处主要体现在三个方面：

（1）注重满足客户的需求；
（2）水力发电、火力发电并重；
（3）善于筹集资金。

从（1）注重满足客户需求来看，他采取降低收费标准、提高服务质量的做法，扩大用户数量。他在九州电灯铁道任职时，大幅度降低用电收费，同时取消了“凡增加 1 根电线杆，申请安装电灯数量必须超过 30 盏”的限制，即使是偏僻的地方也尽最大可能地供电。

这一注重满足客户需求的做法显著地提高了九州电灯铁道的业绩增长，奠定其成为北九州电力行业霸主的基础。

在东邦电力任职的时候，松永安左卫门也依然坚持了这一做法。原名古屋电灯（关西电气的前身）的服务质量非常差，停电情况频繁发生，名古屋市民对该公司十分不满。松永到任后果断采取紧急措施，使主要配电线路能自动隔断，加强维修服务，设置临时变电所，加大电量购入力度，等等。他甚至把床铺搬到中央供电所，亲自到第一线现场指挥，用了大约一年的时间解决了停电问题。

1922 年，东邦电力成立，松永继续推进配电线路高压化，改良入户线路，铺设超高压输电线，增设、新设配电站等措施。经过几年努力，在新公司成立数年之后，名古屋市民便恢复了对东邦电力的信任。

从（2）采取的水力发电、火力发电并重的电力开发方针来看，他在降低发电成本方面也做出了重大贡献。当时，大多数电力公司采用了水路式水力发电方式，在电力需求增大的冬季正好赶上缺水期，而电力需求下降的夏季则赶上丰水期。这是致命的缺陷。

据松永讲，当时的情况是："如果以冬季的最大负荷为目标，添置水力发电设备，到夏季就会导致剩余电力的不断增加，而且，设备投资过多，必然加重企业的利息负担，进而导致成本居高不下。"①

为此，松永主张，"要想用最经济的方式利用水力发电，在水流量减少、发电能力不足的情况下，必须采取

---

① ［日］松永安左卫门：《谈电气事业的统制》，《电气公论》第 17 卷第 10 号，1933 年。

其他的补救办法”[①]。因此，他提出将建设费用低廉的火力发电站作为补充，采取水力火力并重的发电方式。

如上所述，博多电灯轨道与九州电气的合并促成了九州电灯铁道的诞生。松永在这一合并过程中发挥了强有力的领导才能。他极力推行这一合并的目的在于通过合并以火力发电为核心的博多电灯轨道与以水力发电为核心的九州电气，构建水火并重的电力供给体制，降低发电成本。

松永提倡的“水火并重”的方式，通过东邦电力新设、增设名古屋火力发电所、名岛火力发电所、前田火力发电所而真正付诸实践。这在当时人们高喊“水力万能论”“火力亡国论”的背景下，确实是相当大胆的挑战。很久以后，“水火并用”发电模式的经济性才得到认可，整个行业开始广泛采用这种方式。

从（3）来看，在筹集资金方面开展的改革也与削减成本有着密切的关系。松永安左卫门曾指出，“贷款利息的高低实际上左右着电力的成本”，因此，他在开拓低利率且稳定的筹资渠道方面倾注了大量的心血。

积极发行电力外债，及时应对1932年以后日元汇率

① ［日］松永安左卫门：《电气事业》，《社会经济体系（第9卷）》，日本评论社，1927年。

的下跌，推进公司债发行限额扩大行动，在发行公司债时充分利用新型担保制度（open-end mortgage，开放式抵押债券制度）等，东邦电力采取的这些独具特色的经营行为充分反映了松永在筹集资金方面的进取精神。

由于"水火并重"的电力开发方针，以及在资金筹集方面的改革收到明显的效果，东邦电力的发电成本远远低于同行业其他公司。例如，1931 年左右，东京电灯在销售地平均每千瓦的设备费为 884 日元，而东邦电力仅为 792 日元。[①] 看到这一差距，当时的各种经济类杂志都对松永安左卫门的经营才干给予了高度评价，称其经营行为是"科学经营"。

在 20 世纪 10 年代至 20 年代的日本电力行业中，各企业围绕大都市的大型用电客户展开了激烈的争夺战，即"电力战"，电力统制迅速演变为社会问题。关于这一电力统制问题，松永安左卫门表现出了远超出其他经营者的远见卓识。

为什么说松永提出的电力统制构想富有远见性呢？

他在 1928 年发表的《电力统制之我见》中竟提前预见 23 年后，也就是 1951 年开展的电力行业重组方案。

① ［日］阿部留太：《五大电力的优劣》，钻石社，1931 年。

在《我的履历书》一书中，松永针对《电力统制之我见》作了如下回顾：“把全国分为九个区域，每个区域成立一家电力公司；整合众多小公司，不能整合的就实行联营；承认各电力公司在各自区域的垄断地位；铁道省要将其拥有的大量国营、公营火电设备转为民营；提高全国的电力负荷率，采用认可制收费方式，设置‘公益事业委员会’作为行业监督机构等”；“第二次世界大战后，对电力行业的重组几乎与当时提出的方案无二”。

财阀及其兴衰

日本财阀的特征

经过城市化和电气化的发展，日本经济自第一次世界大战前后步入了长期的增长轨道。就本章所涉及的从明治末期到昭和初期这一时期来看，财阀对于日本经济的增长起到了至关重要的引领作用。

日本经营史领域的专家学者围绕财阀展开的研究取得了重大的成果。研究结果表明，财阀推动了第二次世界大战以前日本经济的增长。

所谓财阀，在山崎广明看来，是指“在核心产业的多个部门拥有处于垄断地位的大型企业，以家族经营为中心、触角伸向多个事业领域的企业形态”[①]。财阀是在世界各国都能看到的经营实体，但日本的经营史研究在阐

① 内容出自山崎广明在 1979 年举办的经营史学会第 15 届大会上所作发言。

明本国财阀的固有特征这一点上取得了突破。其主要特征有以下三点：

第一，经过脱胎换骨般的改革，企业转变成现代经营实体，形成了日本的财阀。

如果不是从与掌权者勾结并获取特权收益的商人角色中摆脱出来，无论是三井还是三菱，都不可能保持长期成长。由于1881年的政变，海运公司三菱失去了政府支持，陷入了危机。由于不良贷款的增加，三井银行于19世纪90年代初期陷入经营困境，其中也包括出借给政治家的贷款。这些都清楚地表明了政商路线的局限性。

三菱依靠第二代当家人岩崎弥之助推行的多领域经营战略渡过了危机；三井银行依靠1891年就任该行理事的中上川彦次郎推行的一系列改革摆脱了经营困境。三井和三菱都通过一系列的改革，从落后于时代的政商勾结体制成功蜕变为现代的经营实体，步入了长期增长的轨道。

第二，日本的财阀表现出“鲜明的工业化取向”，“除棉纺织业和电力行业以及它们的相关产业等少数事例外，（日本财阀）在众多的产业中都扮演了引导者和冒险者的角色”。

在商机扩大的第一次世界大战前后，各财阀通过成立控股公司、将下属子公司转为股份公司、结成旁系公司网等手段，组成庞大的康采恩。所谓康采恩，是指通过控股公司持有多家下属企业的股份，试图以同一资本支配不同产业部门的垄断组织的一种形态。这清楚地表明日本的财阀具有“鲜明的工业化取向”。

第三，日本的财阀企业与非财阀企业相比，财阀企业中出现了大量的专家型经营者。关于这一点，笔者已经在前文作了阐述。

总之，通过一系列的经营史研究，可以看出日本财阀具有三大特征：

> 一是从与权力密切勾连的政商形式中脱离出来，断然推行现代化、合理化经营；
>
> 二是具有强烈的工业化意愿，在诸多产业领域成为领导者；
>
> 三是积极录用、起用专家型经营者。

其中尤为引人注目的是第三点，具有明显家族企业特征的日本财阀却积极起用专家型经营者。这表明，专家型经营者在财阀内部拥有了发挥才能的舞台，成为经营现代化和工业化的旗手。在这里介绍的关于日本财阀的研究，对于后发国家的工业化具有重要的启示作用，可以说这是日本的经营史研究为世界做出的重要贡献。

第一次世界大战前后，财阀的康采恩化

第一次世界大战前后，也就是1909—1923年间，日本出现了一场非常活跃的康采恩结成运动。除了原有的财阀，各种各样的企业集团都参与了进来。在此介绍其中的领军者，有三井、三菱、住友、古河、久原、浅野、川崎、大仓、铃木、岩井、安田、野村这12家企业集团。

这是在三井、三菱、住友、安田这些明治时期成立的"四大财阀"的基础上，加上在以往的研究中曾被提到的第一次世界大战时期"'新兴'财阀"[①]与"大正财阀"，再加上第一次世界大战形成的背景下出现的"新财阀"[②]得出的。

① ［日］雾见成良：《第一次世界大战时期重化学工业化与"新兴"财阀的资金调配》，《经济志林》第42卷第3号，1974年，第116页。

② ［日］森川英正：《日本财阀史》，教育社，1978年，第126页。

从组织方面来看，第一次世界大战前后的康采恩结成运动具有如下三个特征：

一、控股公司相继成立。这一动向始于 1909 年三井合名的成立。随后，1912 年，合名公司保善社（安田系）成立；1914 年，浅野合资成立；1916 年，合资公司岩井本店成立；1917 年，古河合名成立；1920 年，合资公司川崎总本店、合资公司松商会（松方系）、合名公司久原本店成立；1921 年，住友合资成立；1922 年，野村合名成立；1923 年，铃木合名成立。三菱合资和合名公司大仓组虽于 1893 年成立，但它们作为控股公司开始运作则是在 1917 年和 1918 年。

关于这些控股公司，不能忽视的一点是它们大多数都采取了合名公司或是合资公司的形式，基本没有采用股份公司形式。在主要的康采恩控股公司中，唯一的例外是 1914 年成立的浅野合资在 1918 年被改组为浅野同族株式会社。该公司即使在改组为浅野同族株式会社后，出资者也仅限浅野一个家族。

在第一次世界大战前后的康采恩结成运动中，控股公司自身未能充分利用股份公司的功能，亦是其具有的局限性。

二、在控股公司成立前后，下属子公司转为股份公司。三井、三菱、安田、古河、铃木这几家在控股公司成立的同时就开始将直属子公司改为股份公司，而住友、大仓、浅野、川崎（松方）、久原、岩井、野村则在控股公司成立之前就开始将下属公司改为股份公司。

不过，在直属子公司转为股份公司过程中公开出售股票的公司却很少。截至 1923 年，前文讲到的 12 个主要康采恩的下属子公司中，将股票公开出售的仅有三井银行、三菱矿业、住友银行、浅野水泥、川崎造船所、久原矿业等少数几家。

康采恩要想充分利用股份公司本来的功能，即以更少的所有权来拥有支配权，原则上就必须公开出售下属子公司的股票。从这个角度来看，改为股份公司的下属子公司的股票基本没有公开出售，可以说是第一次世界大战前后康采恩结成运动的一个局限。但是，在浅野、川崎、久原这三家康采恩中，处于核心地位的下属子公司（浅野水泥、川崎造船所、久原矿业）对于公开出售股份采取了积极的态度，应该给予关注。

三、旁系公司网的形成。除三井、三菱、安田之外的康采恩，大多数都在第一次世界大战前后建立了旁系公司网。在 1908 年以前三井、三菱、安田就已经有了旁系公司，但直到控股公司成立以后，这些旁系公司才通过持有股票等方式完善了管理机构。这三家康采恩在第一次世界大战前后亦扩充了各自的旁系公司网络。

关于这种旁系公司网的结成应该注意的一点是，股份公司“以更少的所有权来拥有支配权”的功能在控股公司与旁系公司的关系上表现得最明显。

例如，截至 1920 年 1 月末，三井合名对直系公司的持股比例均非常高，分别为：三井物产 100%、三井矿山株式会社 100%、三井银行 67.2%、东神仓库 94.0%。但是，三井合名对旁系公司的持股比例则明显低于直系公司，如：芝浦制作所 58.4%、热带产业 38.5%、王子制纸 31.6%、大日本赛璐珞 27.5%、北海道炭矿汽船 19.5%、日本制钢所 12.5%、小野田水泥 12.5%、电气化学工业 10.0%、钟渊纺织 7.5%。

接着，关于第一次世界大战前后的康采恩结成运动，根据表 2–2，从推进多领域经营的角度，也可以总结出如下三个特征：

第一个特征是在 1908 年前就被称为“综合财阀”并实现多领域经营的三井、三菱、住友，进入其他主要产业领域，即重化学工业。比如三井进军化学、炼铁、造船领域；三菱进军化学、炼铁、电机、内燃机领域；住友进军化学、通信设备等领域。

表 2–2　第一次世界大战前后各康采恩的多领域经营

1908 年以前的主营业务	康采恩名称	矿业		制造业									流通业		金融业			矿业	制造业	流通业	金融业
		煤炭	金属	纤维	造纸	窑业	化学	制铁	有色金属	造船	电机	其他机械	商社	海运	银行	保险	证券				
综合	三井	△	△	△	△	△	○	○		○	△		△	△	△	○		△	△	△	△
	三菱	△	△		△	△	○	○		△	○	○	△	△	△	△		△	△	△	△
	住友	△	△			○	○	△	△			○			△			△	△		△
矿业	古河	△	△				○		△		○		○		○			△	△	○	○
	久原		△					○	○	○	○		○	○		○		△	○	○	○
制造业	浅野	△	○			△		○		○		○	○	△	○			△	△	△	○
	川崎（松方）							○		△		△		○	△	○			△	○	△
流通业	大仓	○	○					○					△					○	○	△	
	铃木	○					○	△		○			△	○		○		○	△	△	○
	岩井			△			○	○					△						△	△	
金融业	安田	×		△	○										△	△	△	×	△		△
	野村			○									○		○				○	○	△

资料来源：[日] 橘川武郎：《日本的企业集团》，有斐阁，1996 年。

注：1. 表中内容为 1909—1923 年的状况。2. ○表示进入，△表示继续，× 表示撤出。3. 表中包括直属子公司与旁系公司子公司的动向。4. 表中未标出在各行业中影响力极小的事业活动。

第二个特征是此前将主营业务置于特定产业领域的，即所谓“矿业财阀”的古河、久原，“制造业财阀”的浅野、川崎，“流通业财阀”的大仓、铃木等，也都积极地推进多元化经营，粗具综合性康采恩的形态。本书将进入矿业、制造业、流通业、金融业三个及以上领域开展业务的康采恩视为综合性康采恩。

在表 2-2 中所列举的 12 家主要康采恩中，在 1908 年时将业务拓展到矿业、制造业、流通业、金融业四个领域的，仅有三井和三菱两家集团。在第一次世界大战刚结束时，在这两家的基础上又有古河、久原、浅野、铃木加入，综合性康采恩也由 1908 年的 5 家迅猛增加到 10 家。

在第一次世界大战前后，“矿业财阀”“制造业财阀”“流通业财阀”的多领域拓展，主要集中在商社、海运、造船、制铁这些时兴产业。

康采恩作为一种以“支配更多产业为目标”的垄断组织，向多领域拓展就是其核心要义。积极推进多领域经营的“矿业财阀”“制造业财阀”“流通业财阀”在第一次世界大战前后，利用“大战景气”发展的时兴产业，一举成为综合性康采恩。这些财阀在这一时期的康采恩运动结成中占据了主要位置。

第三个特征，不同于上述各大企业集团，被称为“金融财阀”的安田和野村这两家并不热衷于多领域经营。特别是安田，甚至还从煤炭开采等从明治时期就进入的产业中撤退。与安田相比，野村虽然在一定程度上追求多领域经营，但也只是部分涉足制造业而已。在这一点上，它们与“矿业财阀”“流通业财阀”形成了鲜明差别。

前文从推进多领域经营角度，总结了康采恩结成运动的特点，后文将根据不同的企业集团分别介绍财阀的形成与康采恩的结成在时间上的关系。

以上列举的12家企业集团在第一次世界大战前后的康采恩结成运动开始前，至少都具备了构成财阀定义的三大要素中的两项，即以家族为中心、垄断。但并不是所有的企业集团都实现了多领域经营。

在刚开始结成康采恩运动时，作为综合性财阀的三井、三菱、住友这三大企业集团，在矿业、制造业、流通业、金融业这四大领域中至少都进入了三个或三个以上；“矿业财阀”古河，“制造业财阀”浅野和川崎，“流通业财阀”铃木和岩井，“金融财阀”安田这六大企业集团也进入了这四大领域中的两个或两个以上。

因此，上述九大企业集团在康采恩结成运动以前就已经成为财阀了。

相应地，“矿业财阀”久原、“流通业财阀”大仓、“金融财阀”野村这三大企业集团，在康采恩结成运动开始时，仅进入了上述四大领域中的一个领域。也就是说，久原、大仓、野村这三家企业集团结成康采恩的过程也是其变成财阀的过程。

20 世纪 20 年代，四大财阀称霸日本

从前文可以看出，第一次世界大战前后康采恩结成运动的主角都是那些“矿业财阀”“制造业财阀”或“流通业财阀”等企业集团。但是，这些企业集团积极推进的多领域经营战略，多数都在 1920 年战后恐慌的经济衰退中以失败告终。

古河矿业的不景气和古河商事的经营失败给古河财阀带来消极的影响。特别是企图利用“大战景气”搞投机而最终失败的事件，对古河商事的经营造成了致命性打击。这一打击也严重阻碍了集团中其他企业的发展。

久原的情况与古河基本相同。久原矿业的业绩下滑和久原商事的破产给久原财阀带来了十分消极的影响。“久原商事的破产给第一次世界大战后的久原家族的事业

经营带来了致命性的打击。”[①] 此后，久原财阀的统帅久原房之助退出经营一线，财阀解体。1928 年，房之助的内兄鲇川义介重新整顿久原财阀的各项业务，后被日本产业（简称“日产”）康采恩继承。

浅野和大仓的情况与前两家不同，第一次世界大战之后的经济危机并没有给它们的商事部门造成太大的打击。但是，浅野被昼夜银行的经营失败、海运和造船业的萧条拖了后腿，1922 年将昼夜银行转让给安田财阀的控股公司保善社。大仓则由于将投资集中在第一次世界大战后萧条的煤矿事业，错失事业飞速发展的机会。

川崎（松方）和铃木这两家在 20 世纪 20 年代，由于业务不景气，处于核心地位的公司经营失败甚至破产。在 1927 年的金融危机发生之际，川崎造船所经营不善，铃木商店倒闭。无论是川崎，还是铃木，都没能作为财阀生存下来。

关于岩井的情况，根据《岩井百年史》中记载：“在第一次世界大战之后，1920 年出现的萧条一直持续到 1932 年，给公司的生存带来了巨大威胁。”[②] 从实际情况

---

① ［日］宇田川胜：《新兴财阀》，日本经济新闻社，1984 年，第 33 页。

② ［日］岩井产业株式会社编：《岩井百年史》，1964 年，第 297 页。

来看，从 1920 年下半年到 1932 年下半年，该公司的确没能向股东发放红利。

说到野村，当时虽然没有受到严重影响，但也经历了商事部门（大东物产）的经营失败，作为财阀的事业扩张在 20 世纪 20 年代处于停滞状态。

综上所述，在 20 世纪 20 年代的日本，此前展开的康采恩结成运动出现了严重倒退。在这一过程中，久原、川崎（松方）、铃木这三家财阀消亡；古河、浅野、大仓、岩井、野村这五家财阀实力被严重削弱。考虑到这五家财阀在 20 年代末，在矿业、制造业、流通业、金融业这四个领域中的多个领域展开事业，因此，我把这五家企业集团认定为财阀。古河、浅野、大仓、野村在第二次世界大战结束后的财阀解体之际，被纳入“十大财阀”之列。

另一方面，与上述这些企业集团不同的是，三井、三菱、住友、安田这四家财阀的地位都得到了不同程度的提升。宇田川胜和须江国雄曾对 20 世纪 20 年代财阀之间的竞争进行过深入研究，他们将这一现象称为“四大财阀的称霸”。

实际上，到 20 世纪 20 年代末，三井、三菱、住友、安田这四大财阀称霸经济界的局势变得更加明朗。截至

1928 年底，从主要财阀的直属子公司、旁系公司的实收资本来看，排在第一位的是三井，8.4914 亿日元；第二位是三菱，5.9294 亿日元；第三位是安田，2.4865 亿日元；第四位是住友，1.8751 亿日元，远远超过在大正财阀中排名最为靠前的大仓（1.4921 亿日元）和古河（0.7148 亿日元）。

第一次世界大战前后的康采恩结成运动时期，有些企业集团虽然具备了财阀企业的特征，但是由于在 20 世纪 20 年代遭受了康采恩结成运动的挫折等原因，使所属的财阀解体乃至实力弱化，不得不接受其他金融机构和商社的支援。在 20 世纪 20 年代，久原、川崎（松方）、铃木以及古河、浅野、大仓、岩井、野村的各下属企业不得不接受四大财阀系金融机构和商社的支援。

20 世纪 30 年代，财阀的转向和新兴康采恩的出现

自第一次世界大战前后的康采恩结成运动结束后过去了近十年，在 20 世纪 30 年代初期，日本社会对财阀的抨击声日益高涨。受到昭和经济危机的影响，当时广大日本国民挣扎在困苦的生活中。1931 年发生的抢购美

元事件，三井银行等财阀系企业被指控操纵汇率，趁机大赚特赚。这也成为抨击财阀的直接导火索。1932 年，发生了“血盟团事件”，时任三井合名理事长的团琢磨遭到暗杀。

处于风口浪尖的三井财阀，以“血盟团事件”为契机，开始推行一系列的转向策略：向社会事业捐款；三井家族一族的社长同时退出第一线；下属企业进行公开募股；在社会上声名狼藉的高管，如三井物产常务安川雄之助被迫辞职等。三井财阀推行的这些转向策略被其他财阀纷纷效仿。

在财阀的转向不断深化之时，1937 年以后，财阀总部也逐渐股份公司化。具体来看，1937 年，住友合资改组为株式会社住友本社、三菱合资改组为株式会社三菱社。三井稍晚，于 1944 年成立了株式会社三井本社。

这里应该注意的是，20 世纪 30 年代后财阀的转向意味着财阀彻底转为了康采恩。

如上所述，在第一次世界大战前后由各财阀掀起的康采恩结成运动中，存在着控股公司比较封闭和直属子公司股份未公开出售等局限。而且，在 20 世纪 20 年代，由于第一次世界大战结束之后国际竞争的重启，重化学工业的发展受阻，在这样的背景下，前一时期的康采恩结成运动的诸多问题便遗留了下来。

与此相反，随着重化学工业的不断发展，在20世纪30年代至40年代前半期，动员社会资本的必要性逐渐凸显，直属子公司公开出售股份以及控股公司的股份化不断取得进展，各种问题逐渐被解决，财阀彻底实现了向康采恩的转化。

由上述内容可知，日本的康采恩结成运动在20世纪30年代再度成为一股热潮。不过，第一次世界大战前后的康采恩结成运动与30年代的热潮相比，具有以下两个重大的不同：

第一个不同是20世纪30年代出现了与财阀不同类型的康采恩结成运动领导者。在20世纪30年代上半期，鲇川义介的日产康采恩、野口遵的日窒（日本窒素肥料）康采恩、森矗昶的森康采恩（以昭和肥料和日本电工为核心，1939年两家公司合并成立昭和电工）、中野友礼的日曹（日本曹达）康采恩、大河内正敏的理研（理化学研究所）康采恩等所谓的新兴康采恩纷纷涌现。

新兴康采恩由于较少受家族因素的影响，不能视为财阀。也就是说，在20世纪30年代，与财阀的康采恩化不同，新型的康采恩结成运动开始了。

第二个区别是三井、三菱、住友、安田这四大财阀的扩张更为彻底。在 20 世纪 30 年代，古河、浅野、大仓、岩井、野村这些财阀也致力于康采恩的扩大，但它们与四大财阀间的差距仍不断扩大。

正如宇田川胜和须江国雄两位学者指出的那样，四大财阀的称霸与新兴康采恩也有关系。1937 年以后，进入战争时期，众多的新兴康采恩都面临着股票市场萧条、原材料难以确保、与原有财阀的竞争激烈等诸多问题，陷入经营困境，有些甚至不得不解体或重组。

在这样的情形下，可以说四大财阀旗下的金融机构和商社在 20 世纪 30 年代继续发挥其基础功能。

所属财阀被四大财阀远远抛在后面的企业，以前所属的财阀消亡了的企业，属于新兴财阀旗下的企业等，都不得不接受四大财阀的支援。

在第二次世界大战以前，财阀牵引着日本经济的成长是不争的事实。但是，正如前文所说，在这一过程中也重复上演了盛衰荣枯、此消彼长。在经济波动的时代大潮面前财阀也难以做到应对自如。

第三章

经受挫折和重新出发

——第二次世界大战结束初期

从战败走向复兴

走向新生的十年

1945年8月15日，日本接受《波茨坦公告》，宣布无条件投降，第二次世界大战随之结束。同日，日本的许多大城市遭到美军的空袭，化为灰烬。不久，恶性通货膨胀席卷日本，道奇计划刚刚将其遏制住，又出现了失业者徘徊于街头的情况。简单来说，对于日本人来说，昭和20年代（1945—1955年）才应该被称为“失去的十年”。

但现实却完全不同。昭和20年代对于日本经济和日本企业来说，非但不能称为“失去的十年”，反而是为实现下一时代高速增长，即“奇迹般的复兴”助跑的“走向新生的十年”。

从被盟军占领到实现复兴

由于战败，日本处于以美国为核心的同盟国军队的占领之下。当时，日本推行的解散财阀、禁止垄断、劳动改革、农地改革等一系列经济改革，给日本经济和日本企业带来了巨大影响。

在主要的产业领域，少数几家大企业间展开了激烈的竞争；在企业内部，专家型经营者不断涌现，经营人员年轻化；工会获得了坚实的法律依据，职员和工人的身份差别被废除；农地改革也因为个人消费支出的增加、国内市场的扩大，而取得重大进展。对于战后的日本经济和日本企业来说，上述几个方面是实现成长的重要初始条件。

在经济方面，美国对日占领初期的政策重点是在非军事化上，但是，随着东西两大阵营之间冷战的加剧，在 1947 年前后，美国开始转为支持日本实现经济复兴。

要尽快实现经济复兴，必须解决战败之后日本国内持续恶化的通货膨胀问题。1949 年，道奇作为美国公使来到日本，一举解决了这个问题。

道奇推行的一系列措施被称为“道奇计划”，主要内容包括，平衡财政预算、削减政府补贴、设定 1 美元兑换 360 日元的固定汇率等。道奇计划成功地遏制了通货膨胀，但其带来的通货紧缩效应又引发了严重的经济衰退。

1950 年 6 月爆发的朝鲜战争带来了“特需景气”，将日本经济从衰退中拯救出来。“特需景气”对日本经济的恢复起到了极其重要的作用。1951 年，日本的工业生产、实际国民生产总值、实际个人消费超过战前最高水平；1953 年，实际人均国民生产总值、实际人均个人消费支出突破战前最高水平。

朝鲜战争是日美两国媾和、急于签署条约的重要原因。1952 年 4 月《旧金山和约》生效，结束了同盟国军队占领日本的局面。

1951—1953 年，日本经济在生产和消费两个方面都已经恢复到第二次世界大战期间的水平，从 50 年代中期到 70 年代初期，实现了世界历史上罕见的高速增长。奇迹般的复兴开始了。

坚韧不拔的重建者们

两位重建者

在从昭和30年代（1956—1966年）开始的经济高速增长时期中，日本涌现出了一位又一位英雄企业家。但是，在昭和20年代日本经济还处于起跑阶段时，那些作为先驱的英雄更是值得人们尊敬。

这两位先驱者是出光兴产的出光佐三和川崎制铁（日本钢铁工程控股公司的前身）的西山弥太郎，他们在1953年初夏实现了被称为“奇迹”的壮举。本节将把目光对准这两位坚韧不拔的重建者。

出光佐三——“日章丸”事件

1953年5月，出光佐三亲率出光兴产的油轮“日章丸”前往伊朗，采购汽油和轻质原油多达 2.2 万升（约 14 万桶）。当时伊朗执意要将英伊石油公司（英国石油公司前身）收归国有，与英国之间关系紧张。出光兴产的举动受到了国际社会的广泛关注。

当时欧美的几家大型石油公司，即“石油七姐妹”，联合发起了抵制伊朗、拒绝采购伊朗石油的行动。如果出光兴产此举成功，那将意味着欧美国家对伊朗构建起的包围圈被打破。因此，“日章丸”事件引发了全世界的高度关注。关于这一事件，出光兴产在其 1964 年出版的《出光略史》中作了如下记述。

“此乃世界石油资源大国伊朗与消费地日本直接交易的壮举，这一事件使得每年价值数百亿日元的日本国内产品降价，给消费者带来巨大的利好。英国的英伊石油公司请求暂时扣押已经装上‘日章丸’的石油，但先后遭到东京地方法院和东京最高法院的驳回，出光兴产胜诉，此事由此尘埃落定。出光佐三在英国的压力面前表现出绝不屈服的态度，给因战败而丧失自信的国民以信心和勇气。”①

正如上文所述，当时的日本国民因战败，精神被彻

---

① ［日］出光兴产株式会社编：《出光略史》，1964 年，第 46 页。

底摧毁，出光兴产能与联合国核心成员之一的英国正面交锋并大获全胜，可以说“日章丸”事件的确是奇迹。“日章丸”事件使出光佐三成为战后日本最受欢迎的经营者之一，也成为整个日本经济复兴的诱因之一。

西山弥太郎——川崎制铁千叶工厂的奇迹

在出光兴产的“日章丸”从伊朗满载而归，到达川崎港一个月后，即 1953 年 6 月，在东京湾对岸的千叶，某座高炉的首次点火引起了广大日本国民的关注。那就是川崎制铁千叶工厂的一号高炉。

川崎制铁在其首任社长西山弥太郎的领导下，于 1950 年从川崎重工业株式会社（以下简称川崎重工）分离独立，当时还是一家非常年轻的企业。虽然仅有 5 亿日元的资本金，却要投入 163 亿日元的巨资新建一家拥有高炉的钢铁联合工厂，即千叶工厂。这一计划，不仅从其投资规模来看不可思议，而且还将打破当时“钢铁联合生产 3 家企业（八幡制铁、富士制铁、日本钢管）和专业制钢 3 家企业（川崎制铁、住友金属工业、神户制钢）”的行业秩序，极具挑战意义。

时任日本银行总裁的一万田尚登连嘲笑带讥讽地说

川崎制铁千叶工厂的事业计划如果付诸实施，那川崎制铁将走投无路，千叶工厂就等着养羊吧。媒体给一万田总裁的嘲讽添油加醋，进行了报道；主管钢铁行业的通商产业省也从维护行业秩序的立场出发，表示强烈反对新建拥有高炉的川崎制铁千叶工厂。

西山弥太郎与这些来自官方的压力顽强抗争，最终实现了川崎制铁千叶工厂一号高炉的正式投产。这件事之所以引起社会的高度关注，是因为此举打破了官僚主导的经济统制，称得上是另外一个奇迹。

不低头的反骨精神

在 1953 年初夏接连创造奇迹的出光佐三和西山弥太郎，都是拥有不向强权低头的反骨精神的人。长期被强势力量压制，处于逆来顺受的环境之中，很难出现富有开拓精神的领导者。虽然他们两位也都面临着“枪打出头鸟”的严酷现实，但他们绝不屈服，始终坚持即使被打也要出头的不屈不挠的奋斗精神。

出光佐三成为战后在日本最受欢迎的经营者之一，其理由主要有以下两点：

第一个理由，出光佐三作为“民族石油公司之雄”，敢于同欧美大型石油公司展开针锋相对的斗争。早在1946年，他就向日本政府提出建议："战后日本应该采取的石油政策是尽早摆脱国际石油卡特尔的垄断，开创理想的石油市场。"但是，日本政府对此置之不理。

被盟军占领时期的日本，石油行业的主要发展模式是以迎合欧美大型石油公司的世界战略为主，与外资合作或运到消费地精炼（进口原油之后再精炼）。对此，出光兴产采取了不与外资合作、重视进口石油制品的方针。可是，国际卡特尔的妨碍和压迫依然存在，政府也一再强调要推行进口原油、国内精炼的政策，石油制品的进口越发困难。

最后，出光兴产不得不朝着消费地精炼方式转换，在走了许多弯路之后于1957年建成了自己的炼油厂，即德山制油所。不过，在德山制油所竣工之后，出光佐三仍继续向国际大型石油公司发起挑战。出光兴产自1960年开始从苏联进口原油，就是其挑战之一。

出光佐三作为企业家深受人们欢迎的第二个理由，是因为他始终抵抗日本政府的管制。

在中东原油大幅增产的背景下，欧美大型石油公司纷纷调整原来的路线，改为消费地精炼方式。受此影响，日本政府在战后严格限制石油制品的进口。对此，出光于 1950 年向日本政府进行了强烈抗议，但这一抗议没有被政府认可。出光兴产于 1957 年新设德山制油所，对进口的原油进行精炼，抗议政府对石油精炼业的管制。直到 1962 年，出光佐三仍反对日本制定《石油业法》。1963 年，出光兴产曾一度退出通产省为开展行政指导而设置的石油联盟（负责对日本的石油精炼、销售进行管理的行业团体）。

其实，1962 年日本政府制定《石油业法》的真正意图，就是要封杀在日本石油市场上占有率迅猛扩大的出光兴产。由出光佐三担任社长的出光兴产，其存在便是对政府管制的反抗。

关于西山弥太郎，米仓诚一郎用以下三点总结建设川崎制铁千叶工厂时西山表现出的革新型：

> （1）千叶工厂开始钢铁联合生产，打破了原有的钢铁行业的秩序，出现了活跃的、由六大钢铁联合生产厂家形成的寡头垄断竞争局面。住友金属工业和神户制钢也受到川崎制铁千叶工厂取得成功的刺激，踏入这一行列。
>
> （2）千叶工厂的规模、布局、适合原料进口、产品出口的靠海选址、靠近东京消费地的选址等表明这是一

家与众不同的钢铁厂家。

（3）充分利用外部资本开展设备投资。西山制定的163亿日元的筹资计划的细目有：回转资金80亿日元，公司债券31亿日元，银行贷款10亿日元，增加资本金25亿日元，自有资金17亿日元。所谓回转资金，是指接受援助国家的政府（这里指日本）将来自提供援助的国家（这里指美国）的供给物资出售，将收益充分用于社会发展事业的制度。

上述三点中的（1），二流企业积极进入→寡头垄断竞争加剧→产业整体国际竞争力增强，代表了从第二次世界大战到高速增长时期日本主要产业的发展模式。

（2）和（3），涉及的“利用银行的巨额融资建设临海新型工厂”这一方式，不仅限于钢铁行业，还被应用到其他主要产业，成为日本经济高速增长时期典型的设备投资模式。上述三点，都体现了敢于打破现状的西山弥太郎的反骨精神，并且其中任意一点都可将其视作引领经济高速增长的先驱。

决断力

在这里必须注意的是，出光佐三和西山弥太郎的举动并非一时的头脑发热，而是以深思熟虑和丰富的经验为前提的。他们的伟大，并非仅有拍板的胆量，还因为他们考虑得极为周全。简言之，他们既胆大又心细。

根据森川英正的研究，西山弥太郎在做出建设川崎制铁千叶工厂决定之际，对此举能够解决的三大难题作了前景展望。

所谓三大难题，是指钢铁市场的发展前景，资金能否到位，能否确保技术力量。对于第一点，西山对朝鲜战争爆发之前的 1949 年的市场做了详细调查；对于第二点，西山准备采取两个办法，一是积极争取主管回转资金的通产省的支持，二是聘请第一银行大森尚则常务担任川崎制铁的会长；对于第三点，他则从南满洲铁道株式会社下属的昭和制钢所招聘优秀的高炉技术人员等。他已经做好了克服上述难题的充分准备。森川认为，与其说西山是“充满激情的所有者”，不如说他是拥有合理想象力的“充满激情的组织者”。

面对逆境——从财阀到企业集团

财阀与企业集团的关系

在第二次世界大战以前发挥引领日本经济成长作用的财阀，由于战败后盟军推行的财阀解体政策，不得不进行根本性的重组。其结果就是出现了战后企业集团。

正如第二章所说，财阀是指在核心产业的多个部门拥有处于垄断地位的大型企业，以家族经营为中心，触角伸向多个事业领域的企业形态。与此相对应，企业集团是指在多个行业中拥有雄厚实力的企业通过相互持股成立的集团，拥有类似股东大会的董事会。

从组织形态来看，财阀和企业集团之间明显不具有连续性。这就清楚地表明，财阀中家族和总公司（控股公司）的影响在企业集团中已经消失。

另一方面，财阀与企业集团在功能方面具有连续性。

那就是要遏制所有权、提高经营自由度。

就像在第二章中已经讲过的那样，战前的日本财阀与其他国家一般意义上的财阀不同。日本财阀的所有权在双重意义上都被遏制了，相应地，各家公司（事业部门）的经营政策自由度得到了大幅提升。这是非常重要的一点。

首先，在财阀家族和总公司的关系上，家族的所有权由于“总有制”[①]成为“受到制约的所有权”,这一“受到制约的所有权”大多与财阀家族对企业经营参与的弱化，即“受到制约的控制权”联系在一起。

进而，在财阀总部与直属子公司的关系上，财阀总部对于直属企业的专家型经营者来说也发挥着大股东的作用。

在盟军占领下推行的财阀解体政策，对于财阀的直属企业来说，意味着大股东一下子就消失了。

丧失大股东是否会导致经营自由度的丧失呢？原财阀下属各企业在反复试错的同时，最终通过相互持股再度实现了股东的稳定性。在这一过程中诞生的就是战后企业集团。

---

① 指某一财产为团体所有。当某财团的财产为“总有”时，各成员不持有该财团财产股份。因此，各成员不能要求分割团体财产股份。

企业集团的基本功能

企业集团成立的标志就是董事会的结成。1951—1961年间成立的住友、三菱、三井这原来的三大财阀系企业集团，比其他企业集团要成立得早。这反映了在战争结束时，企业的股份所有权更加封闭，因财阀解体公开出售股份给企业带来了很大的冲击。

另一方面，后来由富士银行系、三和银行系、第一劝业银行系的董事会集结起来的各企业，总体来看在战争结束时股份所有权更加开放，财阀解体带来的冲击更小。因此，在20世纪50年代到20世纪60年代初期，它们并没有立即结成企业集团。不过，在20世纪60年代中期，资本自由化的趋势越发明显，如果因为证券行业萧条造成股价低迷的话，必将给企业造成不同程度的损失，这些企业也都深刻地认识到通过相互持股来达到稳定股东目的的必要性。

表3-1如实地反映了当时的情况。这张表中的数值，是用成员企业已发行股票总数除以董事会成员企业之间由成员企业持有的股票总数，然后再乘以100得到的。在确定董事会成员企业时，我查询了经济调查协会发行的《年报：系列的研究》的1960年版第10页和1967年

版第 11 页刊登的企业名单。

表 3-1 各企业集团间的相互持股比例

单位：%

年份（上一年度期末）	1953	1958	1963	1968
住友	11.2	17.1	27.6	24.5
三菱	（10.6）	14.1	19.2	18.0
三井	（5.2）	（6.7）	12.5	13.7
富士	（4.4）	（6.4）	（9.7）	13.6
三和	（2.1）	（4.3）	（6.5）	8.7

资料来源：[日] 橘川武郎、加藤健太：《战后日本的企业集团与融资系列》，《社会科学研究》第 48 卷第 1 号，1996 年。

注：1. 本表格以东京证券交易所编的《上市公司总览》和经济调查协会发布的历年《年报：系列的研究》为第一手资料。

2.（ ）内表示在该时间点尚未结成董事会或尚未成立企业集团。

此表中没有列出第一劝业银行系的企业，是因为第一银行和日本劝业银行的合并以及第一劝业银行的成立是在 1971 年。不过，在第一银行系中，属于该系列集团的古河系和川崎系此前分别召开董事会，自 1966 年以后联合召开董事会。

由表 3-1 可以看出，董事会的结成，也就是成立企业集团的时机是否成熟，是由相互持股比例的变动情况来决定的。前文已经指出，企业集团的基本功能就在于通过相互持股达到股东稳定的目的。

企业集团和成员企业的成长

战后企业集团的成立在双重意义上促进了成员企业以成长为导向的经营战略的开展。

第一，企业集团的成立达到了稳定股东的目的，专家型经营者们拥有经营政策的自由裁量权，可以从长远角度来选择成长战略。

稳定股东成为企业成长的前提条件，其中的典型事例是三井不动产。

因财阀解体，公开出售股份，三井不动产面临可能被其他公司并购的危机，当时公司的决策出现了混乱，没能充分利用战后短暂的商机。但是，三井不动产于1959 年成功地把三井集团各公司发展成稳定股东，由此摆脱了被并购的危机，在专家型经营者江户英雄社长的带领下，采取了积极主动的经营战略。

该公司积极进入疏浚填埋领域，加入商品房开发领域，建设摩天大楼。该公司的营业收入在江户社长在任的 18 年间，由 1955 年的 9.23 亿日元增加到 1973 年的 911.59 亿日元，增长了近 100 倍！

战后的日本，企业经营者通过相互持股实现了股东的稳定，在一定程度上都开展了以成长为导向的决策。

第二，除了稳定股东这一基本功能外，成立的企业集团通过相互持股，还能够发挥各种各样的附加功能，比如，信息交流、共担风险、降低交易成本等，这也对促进成员企业的成长和竞争力的增强起到了积极作用。

第四章

空前的经济成长

——从高速增长到稳定增长

从“奇迹般的复兴”到“日本第一”

高速经济增长

如图 4-1 所示，日本的实际经济增长率从 20 世纪 50 年代中期开始长期维持在高水平，开始了被称为“奇迹般的复兴”的高速经济增长。

在 1956—1970 年的 15 年间，世界各国的年均名义经济增长率分别为：美国 6.2%，法国 7.2%，英国 8.1%，意大利 9.4%，联邦德国 10.3%，而日本高达 15.1%。

此后，日本的国民生产总值接连超过欧洲发达国家，1968 年以后仅次于美国，成为资本主义国家中位居第二的经济大国。而且，即使是从实际国民生产总值来看，日本在这 15 年间实现了平均增长率为 10.4% 的增长，经济规模扩大了 4.4 倍。

在 1965 年经济危机以前的日本高速经济增长前半

其中有神武景气（1955—1957年）、岩户景气（1958—1961年）、奥林匹克景气（1962—1964年），中间还出现了锅底萧条（1957—1958年）、1962年危机、1965年危机。每隔三四年就会出现一次经济下行。

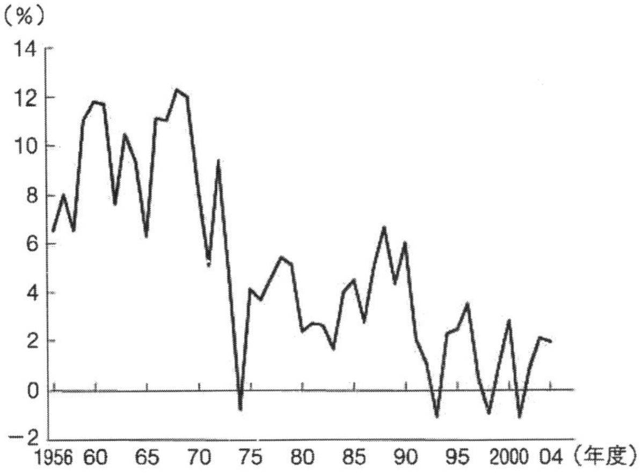

图4-1　日本实际经济增长率的变动情况（1956—2004年度）

经济过热会带来进口的增加，必须设法应对由此产生的国际收支不平衡局面。这样一来，每隔三四年就要采取金融紧缩政策。人们经常用国际收支的“天花板”来形容这一现象。

与此相反，在经济高速增长的后半期，日本主要产业的国际竞争力增强，国际收支的“天花板”解除，在1965—1970年间出现了长达57个月的经济增长，史称

"伊奘诺景气"。

从 20 世纪 60 年代中期开始，日本主要产业的国际竞争力增强，是因为日本政府通过推进贸易自由化和资本自由化，积极向开放经济体制过渡。

1964 年，日本成为国际货币基金组织（IMF）第八条款国，并于同年加入经济合作与发展组织（OECD），取消在 1949 年制定的《外汇及外国贸易管理法》（简称《外汇法》）中对进口实行的管制，以及在 1950 年制定的《关于外资的法律》（简称《外资法》）中对外资的管制，全面推行开放经济体制。日本从 1960 年开始积极推进贸易、外汇交易自由化，从 1967 年开始积极推进资本交易自由化。

在向开放经济体制过渡之际，日本国内有很多人强调外国商品和外国资本的威胁。把贸易自由化和资本自由化视为"第二次黑船来航"的论调甚嚣尘上。但是，企业通过开展大规模投资和基于危机感成为劳资一体的结果是，日本的劳动生产率提升势头远超欧美发达国家，企业的国际竞争力得到了明显增强。而且，战后一直呈赤字状态的日本的贸易收支，在 1964 后基本为黑字状态。

国民生活和产业结构的变化

表4–1是从市场需求来看日本经济实现高速增长的主要原因。从表中可以看出，截至1970年的15年间，针对国民总支出的增加，其中贡献最大的是个人消费支出，其次是民间设备投资。

经过高速经济增长，日本国民的生活水准大幅提升。个人消费支出中食品支出的占比下降，对“三种神器”（黑白电视机、电冰箱、洗衣机）和“3C”（彩色电视机、空调、轿车）等耐用消费品的支出明显增大。

由于人口纷纷涌向大城市，再加上家庭结构小型化的推进，家庭总数不断增加，人们对以耐用品为中心的工业产品的支出不断增加。对于丧失军事需求的战后日本的重化学工业来说，个人消费支出的扩大成为支撑其发展的重要市场条件。

另一方面，在经济的高速增长时期，民间设备投资的年均增长率为个人消费支出的2倍以上（参见表4–1）。民间设备投资被称为“投资唤起投资”，以重化学工业为中心逐渐发展起来。

表 4-1　经济高速增长的主要原因

单位：%

项　目	占比		占比变动（B-A）	1955—1970 年的年均增长率	对 1955—1970 年增长的贡献率
	1955 年（A）	1970 年（B）			
个人消费支出	62.5	48.9	-13.6	8.5	44.8
民间设备投资	9.1	22.9	+13.8	17.3	27.1
民间住房投资	3.2	6.2	+3.0	15.1	7.0
政府经常支出	14.0	7.0	-7.0	5.3	4.9
政府资本形成	5.7	8.5	+2.8	13.5	9.3
库存投资	4.0	5.1	+1.1	12.1	5.4
出口	7.8	13.7	+5.9	14.5	15.5
进口（扣除）	6.3	12.2	+5.9	15.3	13.8
国民生产总值（国民总支出）	100	100	±0	10.3	100

资料来源：根据日本兴业银行产业调查部的《日本产业读本》（第 4 版）作成。

在高速增长的过程中，日本的产业结构发生了重大变化。从各产业就业人口所占的比重来看，第一产业由 1950 年的 48.3% 大幅下降至 1970 年的 19.3%；从日本国内生产总值（附加价值生产值）来看，第一产业也由 1950 年的 26.0% 下降至 1970 年的 7.7%。另一方面，在同一期间，工矿业占日本国内生产总值的比重由 27.7% 上升为 31.2%。①

① ［日］安藤良雄：《近代日本经济史要览》，东京大学出版会，1975 年，第 6—8 页。

在制造业内部，重化学工业快速发展。与战争时期不同，军需部分缩小，生产不断扩大的重化学工业成为战后日本经济的基础产业。重化学工业产品在工业生产额中所占比重由 1950 年的 50.0% 上升到 1970 年的 66.6%。其中包括耐用品在内的家电产品和汽车等运输机械的比重明显上升。

从高速增长到稳定增长

1973—1974 年爆发的第一次石油危机，结束了日本经济在世界史上罕见的高速增长。

1973 年是日本经济发生重大转折的一年。在当年 2 月，自 1971 年的尼克松冲击后发生动摇的国际货币基金（IMF）体系最终瓦解，以往 1 美元兑换 360 日元的固定汇率制结束了它的历史使命，让路给了浮动汇率制。

这里所说的尼克松冲击，是指 1971 年时任美国总统尼克松推出的以停止黄金与美元兑换等为主要内容的强有力的美元保护政策。它之所以被称为“冲击”，是因为战后世界主要国家都推行了新的国际货币体系，即 IMF 体制，以此取代了金本位制。但尼克松推行的美元保护政策将 IMF 体制的基本原理彻底摧毁。

IMF 体制的基本原理也被称为“双挂钩”，一是黄金与美元挂钩，即将兑换黄金的货币限定为美元；二是其他国家的货币与美元挂钩，即在其他国家的货币与作为基础货币的美元之间设定固定汇率。

接着，以在 1973 年 10 月爆发的第四次中东战争为导火线，第一次石油危机爆发，原油价格暴涨，日本经济的高速增长宣告结束。由图 4–1 可以看出，日本经济自第一次石油危机后便进入了“低速增长时代”。

继 1973—1974 年的第一次石油危机之后，1978—1980 年又发生了第二次石油危机。这次石油危机起因于 1978 年 12 月的伊朗革命，原油价格因此而再度大幅攀升。第二次石油危机使日本经济陷入长期的低速增长局面，但是这次危机给日本经济造成的冲击要远远小于第一次石油危机。这是因为在发生第二次石油危机之时，日本已经开展了全体国民共同参与的“节省能源、摆脱石油”运动，第一次石油危机的经验、教训在各种层面都发挥了作用。

由表 4–2 可以看出，从第一次石油危机后直到 20 世纪 80 年代末，日本的经济增长率相比以前是下降的，但与欧美发达国家相比还是维持了较高的增长率。

如果注意到这一相对高增长的事实，从 20 世纪 70

年代中期到 80 年代，与其说日本经济在“低速增长”不如说是在“稳定增长”。

表4–2　年均实际经济增长率（以国内生产总值为基准）的国际比较（1965—1997 年）

单位：%

国名＼时间（年）	1965–1970	1970–1975	1975–1980	1980–1985	1985–1990	1990–1995	1995–1997
日本	11.5	4.6	5.0（4.8）	3.7	4.5	1.4	2.4
美国	3.2	2.5	3.4（3.2）	2.5	2.6	1.9	3.8
联邦德国	4.5	2.4	3.3（--）	1.2	3.3	3.7	1.7
英国	2.6	2.4	2.2（1.8）	2.0	3.3	1.3	2.8
法国	5.3	3.7	3.2（3.1）	1.5	3.2	1.1	1.9
意大利	7.3	3.5	4.6（4.5）	1.5	3.0	1.1	1.1

资料来源：1980 年前的数据主要来自总务厅统计局的《国际统计要览（1991 年版）》；1975—1980 年的（ ）内数据，以及 1980 年后的数据主要来自总务厅统计局的《世界的统计（1999 年版）》。

注：（1）-- 为不详；（2）联邦德国自 1990 年以后的数据包括原民主德国的；（3）自 1998 年以后没有再发布同类的数据。

日本第一

在第一次石油危机之后，日本经济仍然能够实现稳定增长，其主要原因有：良好的劳资关系和长期合作的企业间关系，长远考虑展开经营战略，开发节能降耗等符合市场需求的产品，彻底提高生产工序效率，等等。这些举措取得了很好的效果。

在石油危机后，经济增长率下降，国际社会对国际竞争力明显增强的日本企业的关注度提高。“日本第一”这一评价，在日本企业克服石油危机的过程中被广泛认可。

但是，随着日本产品在海外市场所占份额的扩大，日本的贸易收支黑字也不断增加，与欧美各国之间的贸易摩擦亦不断升级。

贸易摩擦的激化使日本政治力量开始介入经济问题。1981年，日本自主限制对美国的汽车出口，导致当时在部分领域甚至出现了“敲打日本”的情况。日本的企业为了避免贸易摩擦，采取了对外直接投资的新对策。自20世纪80年代中期开始，日元迅猛升值，加快了日本企业走出海外的步伐。

活跃的革新型企业家

战后日本经营者的类型

战后复兴日本经济的主角是民营企业。在那些职工勤奋、组织能力很强的民营企业里，活跃着许多富有才能的经营者。这些经营者大体上可以分成两种类型。

第一种是在大企业中担任高级管理职务的专家型经营者。他们大多数都是在大学毕业之后直接进入该公司，作为同期毕业生中的佼佼者接连获得提拔。专家型经营者，如果用英语来说的话，与其说是 professional manager（直译为专家型管理者），不如说是 salaried manager（直译为工薪管理者）更贴切些。因为他们并不是公司的所有者，而是拿薪水的打工者。

战后，大多数日本大企业中的内部晋升型专家经营者，通过两种方式增强了实力。

首先，在第二次世界大战前财阀企业中较多出现专家型经营者。20 世纪 30 年代的转向和战后的财阀解体，使得从企业内部提拔的专家型经营者占多数。

战前在财阀里发挥稳定股东作用的财阀同族会和财阀总部由于财阀解体而消亡，取而代之的是战后的企业集团通过相互持股来稳定股东，成员企业的专家型经营者拥有较高的经营自由度。

另一方面，战前股东力量相对较大的非财阀企业，受战时体制的股东压制政策和战败之后旧资本家没落等的影响，股东的力量被削弱，专家型经营者在其中的作用开始凸显。例如，20 世纪 30 年代在与财阀的对抗中迅速成长起来的新兴康采恩（如日产康采恩等）下属的各企业中，战后也有很多从内部提拔的专家型经营者率领企业。

第二种就是将中小企业发展成大企业的资本家经营者和创业者经营者。他们中的大多数都是创立公司的人或其继承者。第二种类型的经营者通常被人们称为“企业家”，他们在实现战后日本经济复兴方面与专家型经营者发挥了同等重要的作用。

企业家群体和两个论点

从战败到战后复兴期，一直到高速增长期，日本有许多活跃的企业家。仅就从事制造业的企业家来看，就有松下电器的松下幸之助、出光兴产的出光佐三、三得利的佐治敬三、味之素的第三代管理者铃木三郎助、普利司通的石桥正二郎、佳能的御手洗毅、三洋电机的井植岁男、早川电机工业的早川德次、索尼的井深大和盛田昭夫、本田技研工业的本田宗一郎和藤泽武夫等，真可谓是人才济济。

这些企业家，从战后复兴期到经济高速增长时期，发挥了引领日本经济发展的重要作用。并且，他们所在的领域无一例外，都是从事消费品生产的行业。这一点也值得注意。

从复兴期到高速增长期，革新型企业家的接连出现可以称得上是一浪接着一浪。关于这一浪潮，必须解释以下两点：

（1）在当时的日本，对企业家来说，商机是如何扩大的呢？换言之，开展革新型企业家活动的客观条件是什么？

（2）为什么那一小部分的经营者能够充分利用这些商机呢？换言之，开展革新型企业家活动的主观条件是什么？

索尼和本田的同时性和相似性

在思考上述两点时，索尼和本田的事例能够给人以最好的启示。它们都是诞生于日本战败后的废墟中，并且都是在昭和 20 年代登场后便踏上世界级大企业的征途。

回顾这两家公司从战后复兴期到经济高速增长期的发展历程，可以发现它们存在着惊人的同时性和相似性。这种同时性和相似性可以概括为以下四点：

第一，公司创立的同时性和初期产品战略、销售战略的相似性。

索尼的前身东京通信工业（以下简称“东通工”）和本田技研的前身本田技术研究所都是在日本战败的第二年，即 1946 年分别在东京和浜松成立的。

创立之初，两家公司都是名不见经传的街道小厂。东通工的职工仅有 20 多名。1948 年，本田技研的职工仅有 34 名。

索尼的创始人井深大在东通工的创立宗旨中明确表示，要充分利用技术力量，开发出现有大型电机厂家无法追赶的新产品。这就是东通工从创立之初便具有的能量之源，也是其基本的产品战略。

打响第一炮的新产品，后来成为东通工发展助推器的是磁带录音机。井深大和盛田昭夫是创立东通工的核心成员，本来两人都是技术人员，后以磁带录音机的销售为契机，井深负责技术开发，盛田负责产品销售，大体上明确了责任分工。

东通工创立初期的磁带录音机并非家用，主要是商用。盛田亲自跑到小学里，一边教授磁带录音机的使用方法，一边加大销售力度。东通工就这样开拓了新产品的新市场，一边在市场上传授产品的使用方法，一边开展市场教育。

换句话说，不教育市场，就不能为新产品开拓出市场。伴随着新产品的发售，在晶体管收音机和录像机等新产品推出时反复进行市场教育，这种做法后来也在东通工的发展道路中一直延续了下来。

另一边，本田技研则是从生产安装在自行车上的A型辅助发动机开始创业。那是研究所成立一年后，即1947年11月的事情，A型发动机因其发出的声音，被称作“bata bata”。

本田技研史上第一台真正的摩托车 Dream D 型（二冲程、98cc）于 1949 年 8 月正式下线。巧合的是，东通工的磁头、磁带录音机的试生产取得成功也是在同年同月。此前，日本还没有哪个厂家能够同时生产摩托车的车身和发动机，Dream D 型摩托车的销售使本田技研成为日本第一家。

Dream D 型经过改良，Dream E 型于 1951 年 10 月开始销售。这款摩托车成了让本田技研步入发展正轨的主打产品。

从技术层面来看，Dream E 型不采用大多数厂家生产的那种二冲程发动机，而是使用了排气声小、排气量少的四冲程发动机，还采用了底置凸轮轴（OHV）发动机。这几点都是本田摩托的特征。

Dream D 型和 Dream E 型的投产，表明创立之初的本田技研与东通工一样，都采取了技术领域的产品战略。

本田技研的创立者本田宗一郎在技术方面拥有充分的自信，但在销售方面却是个外行，他便开始寻找能够胜任销售业务的人才。经朋友介绍，本田与藤泽武夫结识。藤泽在 1949 年入职本田技研。

继 Dream E 型之后，本田技研于 1952 年 6 月开始销售自行车辅助发动机 Cub F 型。构建以“红色的发动机，白色的油箱”而闻名的 Cub 销售网的正是藤泽。此前，本田技研的产品也与同行其他厂家一样通过代理商来销售，但是，藤泽认为仅依靠代理商的话，流通渠道就被堵死了，必须构建自有渠道。

藤泽把目光投向了当时比摩托车专卖店（日本全国约有三四百家）还要多的自行车专卖店。在销售 Cub 的时候，藤泽给全国约 5.5 万家自行车专卖店写信，希望这些店能够销售 Cub。结果，有 1.5 万家自行车专卖店开始销售 Cub。

本田宗一郎管技术，藤泽武夫管销售和财务，本田技研内部领导的责任分工在很早的时候就明确了。

由上述内容可知，在东通工和本田技研的初期销售战略中，可以说具有某种相似性。那就是，通过积极参与产品销售来开拓新市场。盛田昭夫开展市场教育、藤泽武夫构建销售网络，就是最好的证明。而且，像盛田和藤泽那样主管销售的高层管理者在早期就出现，也可以说是一个重要的相似性。

1952年的海外考察和差异化投资

第二，公司创立六年后，也就是1952年，两家公司的负责人都进行了具有重大意义的海外考察（同时性），并且考察后都决定要开展差异化投资（相似性）。

先来看东通工。1952年4月，井深大为了开展磁带录音机的市场调查而前往美国。他此行的目的原是要对磁带录音机在美国的使用情况进行考察，但令他没想到的是，美国的学校几乎没有使用磁带录音机。这让他意识到，从磁带录音机的普及这一点来看，日本反而走在了美国的前面。

磁带录音机的市场调查虽然没有什么收获，但是，通过此次考察，井深凭着其作为技术人员的敏锐嗅觉，有了更大的收获。他知道美国的贝尔研究所开发出了晶体管！

井深的赴美考察促使东通工做出了开展差异化投资的决策，即购买晶体管的专利和开发晶体管收音机，为后来东通工跃升为“世界的索尼”奠定了基础。井深赴美的第二年，即1953年，盛田昭夫访美，与贝尔研究所的母公司西电公司签署了晶体管专利使用相关合同。

那时候，晶体管在美国仅用于助听器上，但井深判断，助听器绝对不会成为应用晶体管技术的主要产品，他决定倾注力量开发晶体管的新用途，即晶体管收音机。

东通工于 1955 年 8 月开始销售日本第一台晶体管收音机 TR–55，于 1957 年 3 月开始销售当时世界上最小的口袋型晶体管收音机 TR–63，均受到好评。

根据 1955 年 2 月确定的方针，这些产品均加上了“SONY”（索尼）的标志进行销售。对于东通工来说，首次使用“pocketable radio”（便携式收音机）一词的第一批真正出口的产品 TR–63，更是将索尼品牌推广到全世界。

东通工决定将“SONY”的标志加在产品上，因为对于英语国家的人来说，“东京通信工业”或“东通工”的发音非常困难，采用易懂、易读的品牌名称十分重要。

东通工为了让索尼这一品牌打入海外市场，倾注了大量的心血。该公司于 1955 年 1 月试生产晶体管收音机 TR–52（联合国总部大楼形状的收音机）。美国最大的钟表公司宝路华表达了购买这一型号收音机的强烈愿望，提出要订购 10 万部。盛田昭夫因为宝路华购买这 10 万部收音机的条件是不能使用索尼品牌而拒绝了这个订单。1958 年，公司正式改名为索尼株式会社，这也是基于将这一品牌推向国际市场的意图。

再来看本田技研，在井深赴美的同一年，即 1952 年 11 月，本田宗一郎访问了美国和欧洲，亲自订购了价值 4.5 亿日元的生产设备。这些设备均为当时最新，并于 1953—1954 年陆续配备在埼玉县（白子、大和）和静冈县（葵）新建的各工厂里。本田技研也由此建立起了批量生产体制。

1952 年本田宗一郎的海外考察，直接促成了本田技研的差异化投资决策，并为其稳坐摩托车行业的头把交椅奠定了坚实的基础。

由于燃料管制的解除，在 1950—1951 年间，日本出现了摩托车厂家林立的局面，仅浜松就有 29 家，全国共有 100 多家。1950 年，本田技研的产量在全国的摩托车厂家中仅排在第 5 位，但在销售 Dream E 型的第二年，即 1951 年，就升至第 3 位，1953 年开始名列国内第 1 位。在此期间，本田技研决定购入价值 4.5 亿日元的生产设备，建设了白子等工厂。1954 年，本田技研陷入暂时性经营危机，1955 年时第 1 位的宝座被东京发动机暂时夺走，但在 1956 年，它又再度成为摩托车产量国内第 1 位。自那时起直至今日，本田技研一直稳居第 1 位。

1957—1958 年开始真正进军海外市场

第三个同时性和相似性，即两家公司都在 1957—1958 年开始真正进军海外市场，在公司创立起十余年后便发展成了国际性企业。

（1）1957 年 3 月，东通工真正出口的第 1 号产品晶体管收音机 TR-63 开始面向海外发售；1958 年 8 月，本田技研也将 Super Cub 销往海外，一举成为出口明星产品。

（2）1959 年 6 月，本田技研成立美国本田；1960 年 2 月，索尼（东通工于 1958 年 1 月更名为索尼）成立索尼美国子公司。

（3）1961 年 6 月，索尼作为日本企业首次发行 ADR（美国预托存证）；1962 年 12 月，本田技研也发行了 ADR。

由此可见，两家公司的国际化几乎是同步的。

1961 年，索尼作为日本企业中第一批将公司的股份以 ADR 形式在美国公开发行的公司之一，获得好评。这相当于在海外也开辟了直接融资的道路。如果从另一个角度来看，这也意味着索尼作为国际一流企业，在美国市场得到了认可。索尼的股票于 1970 年 9 月在美国纽约证券交易所上市。

另一方面，本田技研也从较早的时期开始推进企业的国际化。对于本田技研来说，1958 年发售的二轮轻量级摩托车 Super Cub 成为其最初真正出口的商品。Super Cub 不仅在日本国内备受消费者青睐，在美国等海外国家也广受好评。

1959 年，在美国当地成立的经销公司将本田的产品推向美国市场。美国本田在经销 Super Cub 时，使用了一句非常有名的广告词来进行宣传，即“nicest people on honda”，意思是最好的人开本田。当时的《生活》（*Life*）周刊以“恋上本田的美国”为题刊出了报道，其中有这样一段话：“本田让人对摩托车有了全新的看法。很长时间以来，摩托车让人联想到的都是穿着黑色夹克衫、不修边幅的男人的形象。如今这一印象被彻底改变，其中包含着幸福的印象……能够被更多美国人接受的印象……也就是说，本田的产品让人觉得骑在摩托车上这件事便是社会品位的象征。如今，本田真的已经迷倒了美国市场”[①]。

① ［日］本田技研工业株式会社总务部 HCG 编：《本田之路》，1975 年，第 41 页。

总之，美国本田“nicest people on honda”的宣传口号，使摩托车在美国人心中的印象大为改观。它成功地将“穿着黑色夹克衫、不修边幅的男人的座驾”这一以往的印象刷新为“为懂得享受生活的人们提供便利的座驾”的全新印象。本田技研在美国这一巨大的市场中创造出了“平易近人的摩托车”这一新商品。

而且，与此同时，本田的品牌也一举渗透美国市场。跟在索尼身后的本田技研也于1962年将公司的股票以ADR形式在美国市场公开发售。

1963—1964年，进军现有市场

第四个同时性和相似性，即这两家公司都在1963—1964年间进入了原有业务领域相关的巨大市场中。1963年，本田技研进入汽车市场；1964年，索尼真正进入电视机市场。

1962年，日本政府制定的《特定产业振兴临时措施法》成为本田技研进军汽车制造领域的契机，当时的本田技研已经稳坐日本摩托车厂家第一的宝座。

如果这个法案通过，可能会限制新企业加入汽车领域，今后甚至可能永远无法制造汽车。出于这一判断，

本田技研毅然地进入了汽车领域，并于1963年8月和10月，分别以皮卡T360和小型赛车S500打入了汽车市场。接着，本田技研于1967年3月开始销售真正的汽车，即轻型轿车N360。

本田N360与竞争对手的同种车型，如斯巴鲁360和马自达Carol相比，不仅价格低，而且空间效果出众，所以，在销售2个月后，即1967年5月，就成为轻型轿车的销量冠军。1969年5月，该车型在日本国内的销量突破30万辆。此后，本田又于1969年5月开始销售排量为1.3升的轿车。

确立了批量生产体制的本田技研，在汽车销售系统的构建上也倾注了很大心血。在汽车的销售方面，服务工厂（Service Factory）的建成意义重大。服务工厂由藤泽武夫设计，于1964年7月开始建设。

当时，丰田汽车、日产汽车等原有大型厂家已经构建了相当完善的销售网络，在这种背景下再重新构建同样的销售网络是极其困难的事情。因此，藤泽决定在公司旗下的摩托车销售店里销售汽车。不过，摩托车销售店的门店面积小，难以新设汽车修理工厂，所以便由本田技研出资，在各地新建了能够供多家销售店铺共同使用的修理工厂，也就是服务工厂。

摩托车销售店的面积小，无法展示汽车，本田技研便采用了放置汽车产品目录及张贴广告画的办法，还出资建设了供几家销售店共同使用的汽车展销店和业务洽谈室。直到1973年服务工厂全部建成之前，本田技研还一直通过摩托车销售店来销售汽车。

另一方面，索尼在1964年9月生产出采用彩色显像管技术的彩色电视机，正式进入电视机市场。

索尼在制造彩色电视机时采用的栅控彩色显像管技术相比其他大多数竞争对手使用的阴罩彩色显像管，画面更明亮，但也存在一个明显的缺点，那就是操作起来要比阴罩式复杂。

考虑到存在这样一个缺点，索尼不得不另辟蹊径。那就是开发单枪三束技术。在开发这种技术时，此前对栅控彩色显像技术的研究发挥了重大作用。1968年10月，索尼开始销售的新款采用单枪三束技术的彩电获得消费者好评，索尼在日本电视机市场的销售份额迅速扩大。

在索尼正式进入电视机市场的同时，盛田昭夫带头构建了以索尼专卖店为核心的国内流通网络。关于这一点，有学者提出以下观点："截至1965年，索尼在日本国内主要依靠工厂店和量贩店销售，销售额明显上升。"但是，由于单枪三束彩电获得巨大成功，索尼的国内销售迎来转机，决定创建销售公司产品的专卖店。

革新型企业家活跃的客观条件

从上述内容可知，从1946年公司成立到50年代中期，在索尼和本田技研的成长过程中，尽管两家公司从事的业务领域完全不同，但具有惊人的同时性和相似性。

这一事实反映出两家公司的高管开展的革新企业家活动背后存在着某种客观的历史条件。并且，这些条件是与从战后复兴期到高速经济增长期在日本出现的企业家活跃浪潮相通的。前文已经提到了两点，这里首先就第一点，也就是针对什么是革新型企业家活跃的客观条件加以考察。

从战争结束到20世纪60年代这一时期，革新型企业家活跃的客观条件有需求和供给两方面的原因。

需求方面的客观条件是居民的可支配收入增加，对消费品的需求在不断扩大的同时也不断深化。这正是人们通常说的消费革命，大众消费社会的到来。这种现象未必仅限于日本一国，在美国等西方国家也都广泛存在。

伴随着可支配收入的增加，消费者对于充分有效地利用时间、拓展体验空间的欲望增强了。本田技研推向市场的摩托车，就是能够满足这种对时间和空间需求的商品。

并且，受家庭生活便利化需求高涨的影响，家电产品迅速普及。其中，不仅仅是“一家一台”的家庭需求，“一人一台”的个人需求也在不断升温。当时东通工开发的晶体管收音机就是满足这种个人需求的代表性产品。

当时，成为革新型企业家活跃舞台的企业，大多数都从事消费品的生产。这一事实如实地反映出，居民可支配收入的增加，消费品市场的扩大和深化，成为企业家活跃的客观历史条件。

近年来日本经济史研究认为，从第一次世界大战结束之后的 20 世纪 20 年代开始，日本就踏上了向大众消费社会转化的道路。这一动向经过“大正浪漫”和“昭和摩登”时代，到 20 世纪 30 年代中期曾一度达到顶峰，随后由于战争的临近，消费受到限制，该动向便渐渐消退了。

到了昭和 20 年代，战争好不容易结束，政府不再限制消费，被压制了约十年的大众消费社会化的势头一举反弹。

昭和 20 年代没有成为“失去的十年”的理由，可以说正是得益于这种向大众消费社会转化的反弹现象。更准确地说，是得益于居民可支配收入的增加、消费品市场的扩大和深化。

供给方面的客观条件是由于昭和20年代日本国内竞争条件的变化给新兴厂家带来了成长机会。如前所述，消费品市场的扩大和深化，商机不断扩大，已有的大型厂家肯定会抓住这种商机，但是，从实际情况来看，已有的大部分厂家由于外部环境的原因，或没能进入出现新商机的领域，或选择不进入。

在这种情况下，解散财阀、禁止垄断和进行劳动改革等具有特别重要的意义。

其中一个典型的例子就是东芝。东芝本来拥有称霸家电市场的潜力，因受到战后改革和劳动改革的冲击，战后的发展被严重推迟。在美国的占领政策之下，燃料管制仍然持续，已有的摩托车厂家发展受到阻碍，从结果来看，可以说这为新加入的本田技研创造了有利的条件。

另一方面，从战后复兴期到高速增长期，消费品市场扩大、深化的速度远远超过了已有企业的成长步伐。这也是很重要的一点。

在大众对消费品的需求不断深化的过程中，已有厂家首先必须加大已投产商品的生产量，并改善品质。在此基础上，再考虑拓展消费品市场，进入有发展前景的行业领域。因此，能够进入的范围，自然是很有限的。

正是出于上述原因，很早就进入电视机市场的东芝、日立制作所、三菱电机，虽然也对晶体管技术颇感兴趣，却没真正投入到晶体管收音机的开发之中。

那些在燃料管制解除以后进入摩托车市场的企业中，并没有能够给本田技研带来重大威胁的大型厂家。1955年前后，川崎重工虽然也进入了摩托车市场，但生产摩托车的不是川崎重工，而是其关联公司川崎明发工业。川崎重工虽然在后来继承了川崎明发工业的业务，但当时根本不重视摩托车业务。

革新型企业家活跃的主观条件

不过，就算存在上述客观条件，那些从昭和20年代开始到高速成长期活跃在日本的新兴厂家、高管也未必都能创造革新的企业活动，其中只有极少部分能实现这个目标。

井深大和盛田昭夫、本田宗一郎和藤泽武夫之所以伟大，不仅在于打造了索尼和本田技研那样了不起的企业，他们的行动与其他的高管亦有不同之处。在此，必须深入考察前文提到的第二点，即革新型企业家活跃的主观条件是什么。

在此，先抛出结论。主观条件有以下五点：

（1）通过开拓新市场和产品的差异化，确保竞争优势；

（2）较早就把目光转向海外；

（3）确立自己的品牌和销售渠道；

（4）开展承担风险的差异化投资；

（5）存在资金支持者。

条件（1）具有的重大意义，可以通过东通工在其成立宗旨中强调的那一点来了解。锲而不舍地开拓新市场和追求产品差异化正是索尼后来的产品开发战略的重要特征。

实际上，东通工在晶体管的批量生产方面比神户工业晚了一步。两家公司在批量生产晶体管之际都曾得到过通产省的矿工业试验研究补贴。神户工业是在1954年获得补贴，而东通工则是在1956年。

但是，东通工在晶体管的应用方面赶在了神户工业的前面。而且，东通工开发出了晶体管收音机这一新产品，通过开拓新市场，彻底赶超了神户工业。

本田技研也是特别重视产品差异化和市场开拓。Dream E 型领先其他产品，引入采用 OHV 的四冲程发动机，其特点有尾气少、排气音量低等，乘坐舒适。轻型车 N360 与其他公司的同类车型相比，在价格低的基础上，空间实用性强，收获了市场的好评。

本田技研在开拓市场方面取得的最具有戏剧性的成果，是在发售 Super Cub 之际，在美国进行广告宣传时。通过“nicest people on honda”这一宣传，该公司的公司史中记载：本田成功地让美国这一沉睡的市场像火山般喷发。

条件（2）的重要性从东通工、本田技研这两家公司的高管在公司成立六年后就相继前往海外，为两家公司后来进行差异化投资起了决定性作用这一点上就可清楚看出来。

在早期的海外拓展方面，以下事件可说明两家公司具有的同时性和相似性：1957—1958 年分别发售晶体管收音机 TR-63 和 Super Cub，开始真正出口；1959—1960 年相继在美国成立当地法人；1961—1962 年成为日本企业的开路先锋，分别发行 ADR。从公司成立到成为成为日本代表性的国际企业，东通工和本田技研仅用了十余年。

关于条件（3），前文介绍的两件具有象征性意义的轶事，就说明了它的重要性。那就是东通工的盛田昭夫拒绝了美国宝路华公司发来的订购 10 万部晶体管收音机 TR–52 却不能使用索尼品牌的请求；本田技研的藤泽武夫利用自行车销售店销售摩托车、利用摩托车店销售汽车，以此形成了公司产品的销售网。

对索尼和本田技研的发展来说，除了井深大和本田宗一郎这种在技术方面非常优秀的管理者之外，拥有像盛田昭夫和藤泽武夫这种在销售方面能力非凡的管理者也是不可或缺的前提条件。

本田技研构建的摩托车销售网，与较早构筑的批量生产体制，成为其击败竞争对手的重要原因。

1961 年，拥有在 1955 年举行的浅间高原拉力赛中击败了本田“Dream”号的“Lilac”号并一度大有超过本田技研势头的丸正汽车（摩托车厂家）最终破产。究其原因，就是因为丸正汽车没有构建像本田技研那样的销售网络。丸正汽车的原社长伊藤正后来也证实了这点。

当然，索尼的销售渠道相比松下电器的还很脆弱，本田技研的汽车销售网也无法跟丰田和日产的相比。这些都是无法否认的事实。但是，作为家电行业和汽车行业的新兴厂家，索尼和本田技研在顶着其他已有厂家的巨大压力下，历尽艰险构建了属于自己的销售网络。毋庸赘言，通过这些销售网收集来的市场信息对于两家公司的产品开发起到了至关重要的作用。

关于条件（4）承担风险的差异化投资，本田技研购买了新型生产设备和建设批量生产 Super Cub、N360 等的工厂；索尼则是购买晶体管专利，研究开发栅控彩色显像管的彩色电视机等。

如果从当时这两家公司的资本规模来考虑的话，这些投资伴随着巨大风险，而且从实际情况来看，部分投资确实失败了。例如，本田技研购买生产 Super Cub 所使用的设备和索尼开发栅控彩色显像管等，从结果来看，都可以被看作失败的事例。本田技研在 1954 年陷入经营危机之际，将生产 Super Cub 所使用的设备变卖给了神户制钢。但是，如果从全局来看，这些大规模投资为两家公司打败竞争对手发挥了决定性的作用。

美国学者吉姆·阿贝格伦（J.C.Abegglen）和乔治·斯托克（G.Stalk）认为，本田技研击败东京发动机的原因在于“先手必胜的循环”发挥了作用。所谓“先手必胜的循环”，其实与这里指出的差异化投资是一个意思。不过，不要忘记，索尼和本田技研之所以能够开展承担风险的差异化投资，是因为这两家企业都有着良好的劳资关系，而且都有主办银行支持。

条件（5）就与主办银行的支持有着非常密切的关系。1953 年，在购买晶体管专利时，三井银行为东通工提供融资；1954 年，在本田技研面临经营危机时，三菱银行为其提供了救助融资。它们是成就“世界的索尼”“世界的本田”不可或缺的条件。

当然，在融资的过程中，两家银行的职员对两家公司的发展前景分别给予了高度评价，他们说服了各自的上司，起到重要作用。

也就是说，井深大、盛田昭夫与本田宗一郎、藤泽武夫身上的企业家精神换来了银行的融资。从这个意义上来说，资金支持者的存在也可视为革新型企业家活动的主观条件之一。

在这里，关于井深、盛田、本田、藤泽的革新型企业家活动，笔者提出了五个主观条件。我认为，从战争结束到高速增长时期，进行革新型企业家活动的其他企业家，也都具备了这五点或是其中几点。

日本式经营与经济增长

日本企业的三种类型

日本的经营者都为实现日本经济的高速增长和稳定增长做出了重要贡献。在由专家型经营者率领的企业中，独具特色的日本式经营逐渐扎下根来。

要想学习日本式经营，首先必须弄清楚日本式经营是什么。不过，在此之前必须明确一点，即使是在日本式经营受到极度追捧的时候，也并不意味着日本的所有企业都是这种模式。

日本的企业大体上可分为大企业和中小企业，也可分为专家型经营者拥有实权的经营者企业和所有者（或所有者兼任经营者）掌握实权的资本家企业。在中小企业中基本上没有经营者企业。

也就是说，在日本存在着三种类型的企业：第一种类型是属于经营者企业的大企业；第二种类型是属于资本家企业的大企业；第三种类型是属于资本家企业的中小企业。

在泡沫经济破灭之前的日本，如果要问“公司是谁的”，在第一种类型的企业中，你得到的回答将是“是职工的”；在第三种类型的企业中，你得到的回答可能是“是所有者的”；在第二种类型的企业中，你得到的回答可能是“是职工的”，或者是“是所有者的”。无论是哪一种类型，你得到的答案与回答者的身份没有太大的关系。

在资本主义国家，通常情况下，“公司是所有者（股东）的”。因此，在泡沫经济破灭以前，日本特有的经营，也就是日本式经营，基本在第一种类型的企业中进行，即属于经营者企业的大企业中。可以说，即使在日本，日本式经营也是“局部现象”。

日本式经营的本质

那么，所谓的日本式经营到底是指什么呢？

谈到日本式经营，人们经常提起“三种神器”，即长期雇用、年功序列工资制和企业内部工会三大要素。“三种神器”都与劳资关系密切相关。这亦清楚地表明劳资关系是日本式经营的核心。

如果考虑到这一点，所谓日本式经营，其实就是指“以和谐的劳资关系为基础，争取职工利益最大化的经营”。

在日本的大企业中，第一种类型的经营者企业在战前仅仅属于少数派，但是到经济开始高速增长的20世纪50年代中期，便占据了主流。从那之后在日本的大企业中，如果再问起“企业是谁的”，多数人都会回答“是职工的”。在这种情况下，经营者作为职工里出类拔萃的人，亦被视为“职工”里的一员。针对同样的问题，美国人的回答则会是“是股东的”，苏联人的回答就是“是工人的”。情况大不相同。

在大多数的美国企业中，专家型经营者将股价上升视为第一要务，因此，其目光仅盯在追求短期利益上，而不能站在长远的角度做出战略决策。而且，公司所得利润中的相当一部分要用来分红，不可能为了将来的投资充分做好利润留存。

另一方面，在当时的苏联企业中，工人们因为担心人均应该得的那一份减少，所以反对增加工人数量。并且，由于企业之间不存在竞争，他们对采用新技术也很排斥。

与上述两种情况相反，第一种类型的日本企业基本上避免了在美国和苏联的企业里存在的这些阻碍企业发展的因素。

从20世纪50年代中期到80年代中期，日本的经营者企业坚持以发展为导向，为日本经济相比其他国家实现高速增长做出了贡献。与日本不同的是，20世纪60年代以后在美国出现了日益高涨的“股东反革命”[①]，日本企业则通过相互持股建立起稳定的股东关系，阻止这种现象的发生。与苏联的企业不同，为了在企业之间的竞争中胜出，日本的企业有效地组织起职工之间的竞争。

另一方面，在以丰田汽车、松下电器、出光兴产、三得利、味之素、普利司通、佳能、三洋电机、早川电机、索尼、本田技研等为代表的第二种类型的企业中，随着规模的不断扩大，专家型经营者在高管中所占的比重不断上升，“公司是全体职工的”这种意识也在不断增强。

在问及“公司是谁的”这一问题的时候，在第二种类型的企业中，既有回答“是职工的”的情况，也有回答“是所有者的”的情况。

---

① 与经营者从所有者手中夺取企业经营主导权的“经营者革命”相反，指所有者从经营者手中夺回企业经营主导权。

公司“是职工的”这种观念不仅仅在第一种类型的经营者企业中存在，在第二种类型的资本家企业中也在不断增强。

无论是第一种类型，还是第二种类型，在劳资双方强烈的连带感的支撑下，企业反复做出实现职工利益最大化的决策，一直到经济高速增长期结束。这在日本的大企业里逐渐形成了固定模式，成为具有显著特征的经营方式，人们称这样的经营方式为“日本式经营”。

日本式劳资关系的形成

那么，作为日本式经营特征的和谐的劳资关系（日本式劳资关系）是在什么时候形成的呢？关于日本式劳资关系的形成时期，如今仍存在着各种各样的观点，之所以出现这样的局面，是因为没有明确议论的目的和判断的标准。

关于日本式经营在日本经济的发展中发挥的作用，从本书的立场来探究的话，议论的目的是阐明日本式劳资关系的形成与战后日本经济的相对高速增长的关系。

判断日本式劳资关系形成时期的标准，并非是要考察“三种神器”各自是在什么时候形成的，而是考察在具备“三种神器”的基础上，日本的劳动者从何时开始在生产现场，积极地致力于高效的生产管理和严格的品质管理。

在锁定问题的时候要注意，讨论品质管理的引入过程、论述日本式生产体系形成的研究，关注 20 世纪 60 年代前半期在日本出现的竞争条件的变化。在因这种条件的变化而带来的经营危机乃至危机感增强的背景下，日本企业引入了 TQC 和 QC 小组。学者们围绕这一问题展开了深入的讨论。

这里出现的 TQC 是 Total Quality Control 这一日式英语的简写，意思是全员参与的品质管理活动。所谓 QC 小组，则是指在职场开展品质管理活动的小集体。战后，日本企业从美国引入了各种各样的管理方法，但绝大部分并非以原样扎下根来，而是以日本化的形式固定下来。从美国引入的用统计方法来开展的品质管理，变换为 TQC 和 QC 小组的形式在日本企业里扎根下来，就是其中的典型事例。

关于日本企业的品质管理这一论题，是基于小松制作所、松下电器、丰田汽车、日产汽车等的案例进行分析。在上述讨论中提到的 20 世纪 60 年代前半期竞争条件的变化，对于小松制作所来说是指贸易、投资的自由化；对于松下电器来说是指国内市场的成熟化；对于丰田汽车来说是指在“第一次 BC 之争（日产的“蓝鸟”与丰田的“光冠”之争）”中的失败；对于日产汽车来说是指“第二次 BC 之争”的失败；等等。

也就是说，这一研究可以说明，在 20 世纪 60 年代前半期，日本几家主要企业中形成的危机应对机制促进日本式劳资关系和日本式生产体系的形成。日本式劳资关系在 20 世纪 60 年代确立这一观点，后来被劳动史研究领域的大多数学者接受。

日本式经营与技术革新

以日本式劳资关系为基础的日本式经营，为生产现场进行渐进式技术革新提供了支持。这一点与突破式的技术革新相反，渐进式的技术革新属于累积的、连续不断的技术革新。战后的日本企业在应用技术开发领域取得重大成果，这种强大的技术开发能力与日本企业的企业内系统和企业间系统存在非常密切的关系。

日本企业设定长期经营目标，组织结构灵活，长期雇用、企业内部各部门之间的流动、内部晋升制度等雇用惯例作为企业内部机制，在促进技术开发方面具有重要意义。

从长远的角度出发设定经营目标，使并不能立即见效的、与技术开发相关的投资也成为可能。不为短期利益的变化所左右，能够维持研究开发的持续性和稳定性。

水平且灵活的组织结构使企业内部信息的横向交流成为可能。要想在应用研究和新产品开发、生产技术开发等方面取得成果，研究、设计、生产、经营等企业内各部门之间保持密切的沟通，必要的信息能够自由流动，这些都极其重要。

长期雇用和内部晋升制度可以有效缓解在欧美国家常见的工作人员因引进新技术而发生的抵制。而且，劳资双方对于以 OJT（On-the-job training，在职培训）为核心的公司内部教育培训，都有着很强的积极主动性。此外，职工在企业内各部门之间的流动，促使信息的横向流动顺利进行。

日本企业的企业间系统在促进技术开发上发挥了非常重要的作用。在长期的交易关系中，资本、信息都被相互交换，交易当事人之间确立了合作关系。这种例子数不胜数。从客户那里得到关于需求的重要信息，可以及时地开发出满足需求的产品，这是日本企业的拿手好戏。而且，在长期进行交易的组装厂家和零部件供应商之间，频繁进行信息交换有助于改进生产技术和提高生产效率。

在经济高速增长时期，日本出现了生产设备的大型化和自动化、材料革命、新商品不断涌现等技术革新浪潮。通过推动技术革新，日本式经营为日本经济的相对高速增长做出了重大贡献。

日本式经营与经济增长的关系

如前所述，在经济高速增长即将停止的20世纪70年代初期，在日本的大企业里，针对“企业是谁的”这一提问，大多数人会回答“是职工的”。以和谐的劳资关系为前提，在生产现场实现渐进式技术革新的机制正在稳定运行。

这一机制可以被视为日本式经营的产物，但是，在日本式经营与经济增长之间，既有前者带来后者的一面（A面），也有后者带来前者的一面（B面），两者是相互作用的。而且，日本式经营与经济增长的相互关系，沿着时间轴，出现了如下变化：

从20世纪50年代后半期到60年代前半期，也就

> 是日本经济高速增长的前半期，B 面作用力更强，即日本式经营←经济增长。
>
> 从 20 世纪 60 年代后半期到 70 年代初期，也就是高速增长的后半期，A、B 两个侧面相互加速作用，即日本式经营 ↔ 经济增长。
>
> 从 20 世纪 70 年代中期到 80 年代前半期，也就是稳定增长时期，A 面作用力更强，即日本式经营→经济增长。

基于这一观点，可以看出日本式经营带来经济增长是在高速增长后半期以后的事情。而且，这一理解与劳动史领域取得的研究成果是相吻合的，即具有日本式经营特征的、和谐的日式劳资关系在 20 世纪 60 年代中期就已经形成了。

从 20 世纪 50 年代中期到 80 年代，推行日本式经营的日本经营者企业，反复做出以成长为导向的决策，为日本经济实现相对高速增长做出了贡献。日本的经营者企业实现了长期的企业发展，最终，通过持续的股价上涨和劳动条件的改善，成功地让股东利益与职工利益保持了一致。

中小企业的作用

前文中，我们把目光对准了第一种类型的属于经营者企业的大企业和第二种类型的属于资本家企业的大企业。在本章的最后，我们来探讨一下第三种类型，即属于资本家企业的中小企业为日本经济的相对高速增长做出的贡献。

以往的日本经营史教科书并没有将重点放在中小企业上，这自然有其理由。从国际上来看，第一次世界大战以后，经济增长率维持在相对高位的日本，其经济的二元结构问题凸显。在围绕二元结构的讨论中，相比具有强韧性的大企业，中小企业和流通业被看作脆弱性的象征。

日本中小企业的脆弱性具体表现在第一次世界大战后不同规模企业之间工资差距的拉大。由于第二次世界大战刚结束时实际工资大幅下跌，不同规模企业的平均工资一度被拉平，但在进入 20 世纪 50 年代后，工资差距再度被拉大。

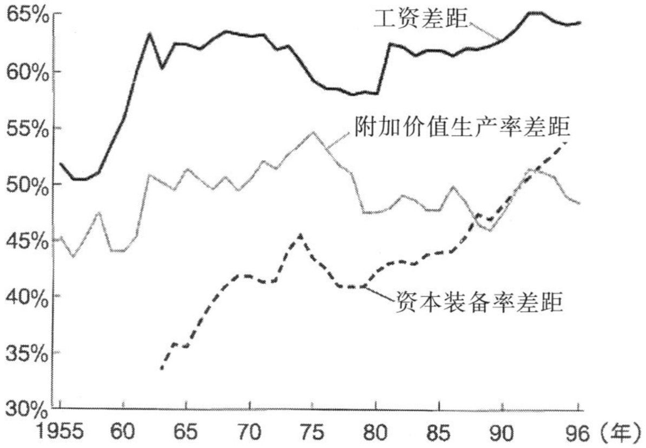

图 4–2　日本制造业不同规模企业之间各项差距的变化（假设大企业为 100）

资料来源：日本中小企业厅编:《平成 10 年版中小企业白书》，1998 年。
注：资本装备率 = 有形固定资产额 ÷ 职工人数。

由图 4–2 可以看出，在 20 世纪 50 年代末以后，日本不同规模企业之间的工资差距才开始缩小。日本的大企业和中小企业之间的附加价值生产率差距和资本装备率差距在 20 世纪 60 年代至 70 年代前半期出现了缩小趋势。

20 世纪 60 年代至 70 年代，大企业与中小企业之间的差距渐渐缩小，中小企业在整个日本经济中所占的比重开始增大。

从图 4–3 可以看出，在整个制造业中，中小制造企业的出厂额构成比和附加价值额构成比的变动。

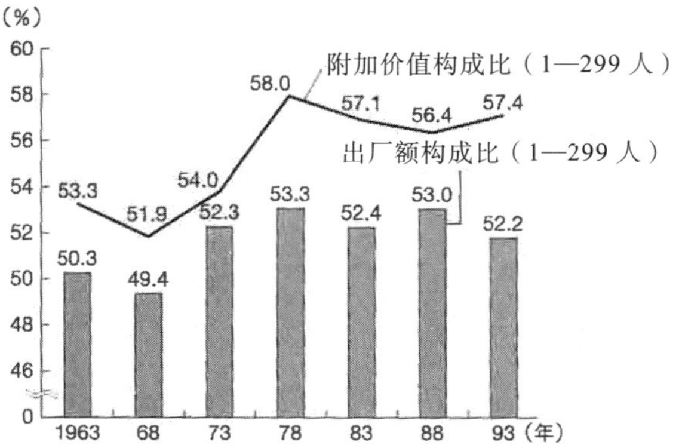

图 4-3　日本制造业中中小制造企业的出厂额构成比及附加价值构成比的变动

资料来源：日本中小企业厅编:《平成 8 年版中小企业白书》，1996 年。

在经济高速增长期以后，在中小制造企业中出厂额增长特别迅速的是一般机械、电气机械、金属制品、运输用机械这四种产业。这些产业同时也引领了日本的经济增长和出口。

日本的中小企业通过提供零部件、原材料和设备，为加工组装型产业的发展以及出口竞争力的增强发挥了重大作用。

第五章

黯然失色

——泡沫破灭以后

经济急转直下和长期低迷

从“广场协议”到泡沫经济破灭

20 世纪 90 年代，对于日本经济和日本企业来说是“失去的十年”。

从 20 世纪 10 年代开始的 75 年间，除去第二次世界大战刚结束的那段时期之外，日本经济一直保持了高速增长。但是，一进入 20 世纪 90 年代，日本便从参加峰会各国当中的“优等生”一下子跌落为“差生”。

1997—1998 年，北海道拓殖银行、山一证券、日本长期信用银行、日本债券信用银行纷纷破产，“平成金融萧条”可以与 1927 年发生的“昭和金融萧条”比肩。而且，在 20 世纪 90 年代末，时隔 50 年日本再次出现了通货紧缩，物价持续低落。日本经济在 20 世纪末面临着重大的结构转变。

日本经济由“成功的局面”急转直下，变为“失败的局面”，造成这一重大转变的契机就是所谓的“广场协议”。1985年9月，发达五国（美国、日本、联邦德国、英国、法国）财长会议在美国纽约的广场饭店召开。五国达成协议，联合干预外汇市场，促使日元升值。由于这个“广场协议”，日元开始迅猛升值。

因“广场协议”导致的日元急速升值，致使日本出口增速变缓，生产活动出现停滞。因此，从1985—1986年出现了日元升值萧条，给钢铁、造船、石油化学等原材料产业带来了沉重的打击。

但是，到了1986年下半年，经济又急速好转。这是因为日元升值、原油价格下跌、利率下降这“三重利好”使得企业的收益明显增加；个人消费支出因可支配收入的增加和企业对内需的充分挖掘而稳步上升；政府通过下调官方利率和扩大公共投资等推出了积极的刺激经济回升的政策。上述这些措施取得了一定的效果。

日本经济从1986年下半年开始好转，这一繁荣局面持续时间都快赶上战后最长的“伊奘诺景气”（1965—1970年）。不过，其中不能忽视的一点是，从1988年开始，日本经济出现过热的苗头，房地产价格的上涨导致资产价格明显上涨，通货膨胀开始显现。在房地产价格高涨的背景下，股票等金融资产价格也出现暴涨，呈现泡沫现象。

投机色彩越发浓厚的日本经济在进入 20 世纪 90 年代后便急转直下，其前兆是 1990 年春的股价下跌。1990 年 10 月，股价大跌，泡沫经济一下子走向了破灭。

“失去的十年”

在泡沫经济破灭前，繁荣局面持续了较长时间，同样，破灭后的萧条局面也长期持续。以房地产价格的迅猛下跌和股价的低迷为代表，资产型通货紧缩日益加剧，企业的设备投资热情急剧下降。企业裁员，人们担心失业，防御性储蓄意愿增强，个人消费支出陷入停滞。

日本的经济增长率，从名义 GDP 来看是在 1992 年后进入低迷阶段，按实际 GDP 来看，则是从 1991 年以后进入长期低迷阶段（参照前文图 4–1）。由图 5–1 可以看出，日本的实际经济增长率自 1992 年以后一直低于美国。

1996 年，日本的经济增长率略有回升，曾一度有望摆脱长期萧条。但是，1997 年 11 月北海道拓殖银行和山一证券破产，1998 年 10 月日本长期信用银行倒闭，同年 12 月日本债券信用银行破产，日本当时已经陷入深刻的金融危机中，摆脱萧条的期望变成了泡影。

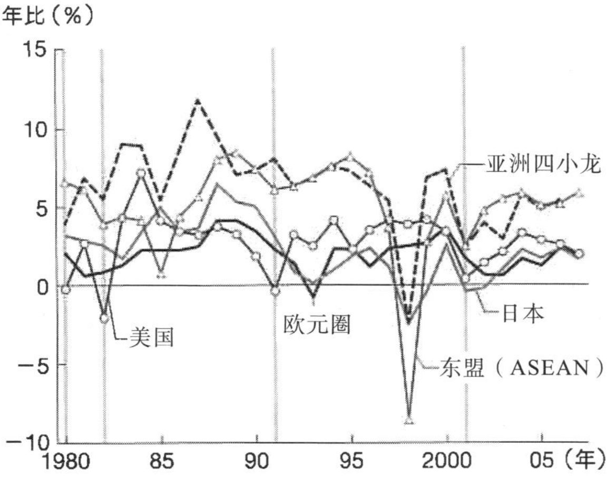

图 5-1 世界部分国家和地区实际 GDP 增长率的变化（1980—2007 年）

资料来源：日本内阁政策统括官室（负责经济财政分析）:《世界经济的潮流 2008 年 I》，2008 年 6 月。

注：1. 根据 IMF 的“World Economic Outlook Database, April 2008”制成。

2. 加竖线的是指美国的经济衰退明确反映在增长率上的年份，即 1980 年、1982 年、1991 年、2001 年。

3. NIEs（Newly Industrializing Economies）是指新兴工业化国家和地区，具体是指“亚洲四小龙”，即韩国、中国台湾、中国香港、新加坡。

1999 年 3 月，日本代表性的汽车厂家日产汽车被纳入法国雷诺旗下。当时，日本媒体用“第二次战败”这样的词语进行报道。即使在“失去的十年”结束之后，覆盖在日本经济之上的阴云仍然没有驱散。

从 1999 年开始，日本的消费者物价连续五年下跌，再加上资产通缩，日本发生了普遍性的通货紧缩。2002 年 8 月，日本的完全失业率达到了 5.5%，创下了自开始劳动力调查以来最差的纪录。

日本的名义 GDP 增长率在 1998—1999 年和 2001—2002 年两次创下连续两年负增长的纪录。即使从实际 GDP 来看，继 1993 年之后，1998 年和 2001 年的增长率均为负数。而且，由图 5–1 可以看出，自 1997 年以来，在包括美日欧在内的发达资本主义国家中，日本在经济增长率方面的劣势越发明显。

在长期萧条的局面下，支撑战后日本经济发展的各个系统的制度疲劳被视为亟待解决的问题。与产业政策和中间组织相关的事项（如系列交易、主银行制等）、日本式经营的特点（如终身雇用制和论资排辈制等），都成为人们攻击的对象。要求推进系统重组、放松管制的呼声日益高涨。

美国为不断扩大的对日贸易赤字深感苦恼，通过 1989 年出台的《日美结构问题协议》等对日本施压。从结果来看，这在一定程度上起到了促进日本放松管制的作用。

不过，一进入 20 世纪 90 年代，由于美国经济相比日本经济显示出更好的势头，所以，在美国国内，像七八十年代那样要求“敲打日本”的声音逐渐消失。在美国的大众媒体上频繁出现一些不把日本放在眼里的词语，如“忽视日本”（Japan Passing）、“无视日本”（Japan Nothing）等。

“超越伊奘诺”及其局限性

综上所述，日本经济的萧条在“失去的十年”，即20世纪90年代结束后依然持续。这一萧条终于在2002年宣告结束，尽管很缓慢，但也可以看出经济是在好转的。这一局面一直持续到2007年10月，长达69个月。从持续的时间来看，已经超过了史上最长的“伊奘诺景气”（1965年11月—1970年7月，共持续57个月），被称为“超越伊奘诺”。

但是，这次的长期好转与经济高速增长时期的“伊奘诺景气”不同，广大国民并没有充分感受到经济有了好转。主要有以下两个理由：

一、2002—2007年的经济形势好转，相比“伊奘诺景气”时期，经济增长率明显偏低。在1965—1970年间，日本的年均实际经济增长率达到了11.5%。相比之下，从图 5–1 可以看出，2002—2007 年的年均实际经济增长率仅为 2%—3%。

二、在 2002—2007 年的经济好转过程中，企业之间、产业之间、个人之间、地区之间差距拉大。从地区差距来看，在 2001—2006 年，关东、东海、北陆、中国[①]这些地方的失业率要低于日本全国平均数；北海道、东北、近畿、九州、冲绳这些地方的失业率则高于日本全国平均数。而且，关东、东海、北陆、中国这些地方的有效招工率[②]高于日本全国平均水平；北海道、东北、近畿、九州、冲绳这些地方的有效招工率低于日本全国平均水平。

在 2002 年以后的经济复苏过程中，从日本全国来看，失业率下降，有效招工率上升，就业情况总体来看得到了改善。不过，在就业改善的情况下，各地区之间出现了相当大的差距，从有效招工率来看，这一差距出现扩大的趋势。在高于日本全国平均水平的关东、东海、北陆、中国等地方，与低于全国平均水平的北海道、东北、近畿、九州、冲绳这些地方之间，就业改善的状况

① 指地处日本本州岛西部的冈山县、广岛县、山口县、岛根县、鸟取县。

② 指有效招收人数与求职人数的比率。

出现了相当大的差距。不过，无论是从失业率，还是从有效招工率来看，四国地区基本在与全国平均水平比较接近的水准上变动。

雷曼冲击

2007 年 11 月，日本经济衰退，雪上加霜的是，2008 年秋天还发生了世界性金融危机。

2008 年 9 月，美国大型投资银行雷曼兄弟公司破产，瞬息之间，全世界都被卷入其中。这一世界同步的金融危机给处于经济下行期的日本造成重创。

以雷曼冲击为导火索而爆发的世界性金融危机，从爆发之初就被称为“百年一遇的经济危机”。这样的评价不禁让人联想到 79 年前，也就是 1929 年爆发的大萧条。的确，雷曼冲击与 1929 年大萧条的共同之处是都发生在美国。

但是，始于 2008 年的金融危机与 1929 年的大萧条存在两点不同之处。

第一，在美国爆发金融危机之后，其影响迅速扩大到整个世界。其原因主要是因为欧洲的金融机构深陷美国的次贷危机之中，新兴国家则将出口的重点放在发达国家，以此来拉动经济增长。也就是说，与 79 年前爆发的大萧条相比，在这次经济危机中，世界经济的关联度明显增强。

第二，国际金融市场的混乱和因世界性银行系统的功能失灵而引发的金融危机，这两者之间也相互影响。这不仅与大萧条不同，而且与 20 世纪 70 年代爆发的两次石油危机也大不相同。2008 年发生的金融危机长期持续的原因主要在于经济的衰退与金融系统的混乱交织在了一起。

另一方面，在 2008 年爆发的金融危机的复苏过程中，新兴工业化国家和地区在世界经济中的地位明显提升（参见图 5-1）。从短期来看，新兴工业化国家和地区的经济不可避免地受到世界金融危机的影响，但从中长期来看，世界经济将在新兴工业化国家和地区的带动下复苏，并再次步入发展轨道。

也就是说，始于 2008 年的金融危机与 1929 年的大萧条不同，2008 年的金融危机发生后不久，摆脱危机的途径就已经明确了。

东日本大地震与福岛第一核电站核泄漏事故

在2008年金融危机后不久，日本发生了悲剧性的严重问题。那就是东日本大地震与福岛第一核电站核泄漏事故。

2011年3月11日下午2点46分，日本发生了9级特大地震。此次地震及其引发的巨大海啸，造成了战后日本最大规模的自然灾害——东日本大地震。因地震造成的死亡人数及失踪者人数超过了2万人。

东日本大地震与福岛第一核电站核泄漏事故接连发生，给日本造成了巨大的损失。根据评估核设施事故、故障严重程度的国际核事故分级标准，福岛第一核电站核泄漏事故被评估为7级（严重事故），与历史上最严重的1986年的切尔诺贝利核电站事故相并列。即使到了现在，仍有很多当地居民不得不过着四处避难的生活。

日本全国上下对于核电的谴责声日益高涨，2012年5月曾发生日本国内所有核电站都停止运行的情况。2012年7月，日本政府试图通过将东京电力进行国有化，对该公司进行重建。

日本的整个能源政策都被迫重新进行评估，不得不对以往“依赖核电”的机制做出重大调整，转向“摆脱核电依赖”的方向。

“安倍经济学”与不明朗的成长战略

2012 年 12 月，日本众议院总选举的结果公布，2009 年以后执掌政权的民主党惨败，自民党和公明党组建联合政权。新任总理大臣是自民党总裁安倍晋三。安倍为了打破民主党执政给日本经济造成的闭塞局面，推出了被称为“安倍经济学”的一系列新政策。

在“安倍经济学”的“三支箭”中，我们通常认为，超宽松货币政策和扩大财政支出发挥了作用。不过，严格来说，其发挥作用也是理所当然的事情。宽松的货币政策和财政支出扩大这两支箭由政府主导便更容易推行。

与此相反，作为“第三支箭”的成长战略，必须由民间主导，自下而上来开展。政府能够做的放松管制等对成长战略来说只是必要条件，并非充分条件。决定成长战略成败的是自下而上的民间设备投资能否顺利进行，“安倍经济学”今后将迎来关键性的时刻，“第三支箭”的成长战略的成败仍不甚明朗。

人口负增长社会

如上所述，“广场协议”以后，日本经济处于异常激烈的动荡之中，日元升值萧条→泡沫经济→泡沫破灭后陷入长期萧条（“失去的十年”）→“超越伊奘诺”的长期好转→陷入由美国引发的世界性金融危机→因“安倍经济学”而推行宽松的货币政策、财政扩张政策。

这一时期，日本的经济社会绝不仅仅是经济循环波动，同时还出现了重大的结构转变。2005 年，日本进入人口负增长社会。

2005 年 12 月，厚生劳动省发布了当年的人口动态统计（全年推算）。由此得知，日本的出生人口数量与上年相比减少了 4.4 万人，为 106.7 万人；死亡人口数量与上年相比增加了 4.8 万人，为 107.7 万人。出生人口数量与死亡人口数量相减，出现了 1 万人的自然减少。出生人口数量低于死亡人口数量的人口自然减少，在 1899 年日本开始统计调查以来还是第一次。

人口负增长社会，既有积极的一面，也有消极的一面。积极的一面，是指对能源、淡水及其他资源的消费量下降，使粮食的消费量也会下降，造成地球变暖的二氧化碳的排放量会减少，人们获取土地也更加容易，等等。

消极的一面，则是在市场规模缩小的同时，投资机会也将减少，人们的投资意愿减退，经济增长受到抑制。除此之外，还会引发社会活动和文化活动的减少、国际社会地位下降等问题。总体而言，人口负增长社会的消极影响大于积极影响。

日本企业为什么失败了

对日本企业的评价急转直下

从“广场协议”签署至今，人们对日本企业的评价也出现了重大转变。在达成“广场协议”的20世纪80年代中期，由于日本经济表现出色，大多数人对日本的企业制度给予了肯定。但是，泡沫经济破灭以后，人们开始批判日本的企业制度。

批评的主要矛头对准了日本式经营。20世纪80年代以前支撑日本经济走向成功的主要因素之一——日本式经营，为什么在进入90年代后，反而沦为失败的元凶呢？

日本式经营的功能不全

的确，泡沫破灭之后，日本式经营出现了危机。20世纪80年代以前扮演日本式经营核心角色的大企业（指经营者企业）彻底丧失自信，开始将“重视股东的经营”摆在重要位置。

其实，在20世纪90年代以后，属于经营者企业的大企业采取重视股东利益的做法本身并没有错。从80年代后半期开始迅猛扩大的日本资本市场和金融的全球化，促使各类公司纷纷要求从资本市场上筹集资金。因此，重视股东的姿态也是非常必要的。

问题在于重视股东利益与追求短期利益混杂在一起，使许多经营者企业忽略了日本式经营的长远好处。

抑制投资机制

重视股东利益与追求短期利益非常容易被混为一谈。从实际情况来看，在20世纪60年代至80年代这段时期，美国的企业也将两者混为一谈，忽视了必要的投资。结果，在多个领域出现了“日美逆转”，美国企业被日本企业远远地抛在了后面。

但是，进入20世纪90年代之后，美国企业尽管依然重视股东利益，但开始站在长远的角度积极开展投资，从而实现了“日美再逆转”。

泡沫经济破灭后，属于经营者企业类型的日本大企业纷纷转向美国式企业经营，非常重视并极力追求资产收益率（Return on Assets，ROA）和股本回报率（Return on Equity，ROE）。

20世纪90年代，在“新经济”大行其道的美国，企业积极开展投资，采取了能促使资产收益率和股本回报率大幅提升的战略，在增加资产和股本的同时，以更加迅猛的势头增加了利润。与此形成鲜明对比的是，日本的大多数属于经营者企业类型的大企业都在抑制投资，削减资产和股本，试图以此来提升资产收益率和股本回报率。

严格来说，泡沫经济破灭后的日本，想要收缩膨胀的资产，这种行为并不能说是错的。因为在收缩资产的基础上如果能够开展有助于增强竞争力的投资的话，还是能够促进企业发展的。

问题在于，尽管企业通过收缩资产使状况得到好转，但没能很好地开展有助于企业发展的投资。这种情况存在于日本大多数的企业中。

尽管都是以资产收益率和股本回报率的上升为目标，但总体来说，日美两国的企业对于投资采取了截然不同的做法。

在泡沫破灭之后的日本，抑制投资机制带来了极其深刻的影响。在日本的经营者企业中，经营者没能充分地开展投资，正式职工积极配合抑制投资的决策，这些也都是确凿的事实。

日本式经营从长远角度出发稳健地开展必要的投资，这种长处已经消失得无影无踪。

被两大技术革新夹击的局面

被夹击的日本企业

我们转换一下角度，从创新这一切口来探索日本经济和日本企业如何走向新生。20 世纪 90 年代以后，日本企业受到了两大技术革命的夹击。

第一个是伴随信息通信技术（ICT）革命出现的突破性创新。在日本式经营能够有效发挥功能的时候，日本企业擅长的是与这种创新完全不同的渐进式创新。那时，日本企业采用的战略是将先发企业开发的产品加以改良，最终获取更大市场份额的后发优势。

但是，ICT 革命促使已经实现了突破性创新的先发企业一举获得了压倒性的市场份额，由此进入了先发优势的时代。擅长渐进式创新的日本企业在与担负着突破性创新重任的先发企业的竞争中处于劣势。

第二个是美国经营学者克莱顿·克里斯坦森（Clayton Christensen）教授在其1997年出版的名著《创新者的困境》（*The Innovator's Dilemma*）中提出的破坏式创新。所谓破坏式创新，与对现有产品进行持续改良的渐进式创新完全相反，是指破坏现有产品价值、创造全新价值的创新。

在通过渐进式创新持续改善产品品质的市场上，低价格新商品也会涌现。这些新商品的价格虽然低，但一开始时品质也非常低，所以在刚推向市场的时候无人问津。

但是，偶尔也会有品质得到改善的新商品，可以满足大众消费品市场最低需求。在这种情况下，虽然原有商品的品质好，但价格自然也偏高。为此，新商品一旦满足了大众消费品市场的最低需求，价格竞争力就能够发挥其巨大的威力，迅速获得市场份额。另一方面，原有产品将遭受毁灭性的打击。这就是克里斯坦森所说的破坏式创新的机制。

最近常常听到的“高附加价值产品的商品化（价格破坏者）”“日本产品的加拉帕戈斯化（仅适合在日本国内销售）”等现象，都与这种破坏式创新有着密切的关系。

突破性创新大多发生在包括硅谷在内的美国西海岸。另一方面，破坏式创新厂家通常都是指韩国、中国台湾地区的企业。日本企业在先进国家的突破性创新和后发国家的破坏式创新的夹击中艰苦奋战。这就是2018年日本企业面临的真实情况。

正面应战的重要性

日本企业虽然顶着两方面的压力，但是必须开展正面应战。应当采用合适的成长战略展开作战，同时攻克不断扩大的低端市场和收益性好的高端市场。

日本占据着东亚的一角，这是极其有利的条件。以低端市场为中心的市场规模的扩大，以及东亚作为面向高端市场的开发据点、生产据点，其地理位置的优越性显而易见，有利于日本企业的成长。

日本、韩国、中国之间的地理距离较近，人力资源等各类经营资源的流动成本相对较低，这样一来，针对不同国家及地区的整个供应链的竞争力就能够得到增强。如果能够充分利用这一条件，采取合适的成长战略，日本企业就能够充分利用东亚经济强劲的拉力，重新步入增长轨道。

第六章

走向新生

——站在 2018 年进行展望

向土光敏夫学什么

从“财界名医”到“行政改革先生”

上一章回顾了20世纪90年代以后暗淡的日本经济和日本企业。那么，日本经济和日本企业该怎样做才能走向新生呢？本章将聚焦于此。

在思考如何走向新生的问题时，有一位不能忽略的经营者，那就是土光敏夫。他毕生致力于让陷入危机的日本企业和日本经济走向新生，并取得了巨大成果，被人们称为“财界名医”。他虽然在1988年去世了，但即使是在今天，对于日本经济和日本企业来说，他的思维方式和行为模式仍然有很多值得人们学习的地方。

关于土光敏夫，笔者曾进行过深入挖掘并出版了关于他的专著。在此，笔者先介绍一下书中的精华部分。

土光敏夫从年轻的时候起就非常重视技术开发，被称为“土光涡轮机”。他在危机面前，绝不停留在眼前的对症治疗，而是追求彻底治愈，采取根本性的解决对策。在 20 世纪五六十年代，他先后让石川岛重工业和东芝重获新生，此后出任经济团体联合会的会长。晚年他又出任第二次临时行政调查会（简称“第二临调”）会长以及临时行政改革推进审议会会长，被称为“行政改革先生”，为促进日本经济和日本社会走向新生做出了不懈的努力。

土光敏夫经营思想

要想让日本经济和日本企业走向新生，应该从土光敏夫的经营思想中学习什么呢？要想找出这一问题的答案，首先必须对土光敏夫的经营思想全貌进行重新认识。

关于土光敏夫，有一件广为人知的轶事。那是在第二临调第三次答复内容发布前一个星期的事情。1982 年 7 月 23 日，NHK 的特别节目《土光敏夫：85 岁的执念行政改革的脸面》在电视上播出，这期节目引起了非常大的社会反响。

在节目里，土光夫妇的晚饭仅仅是一小碟咸鱼干、蔬菜、大酱汤和米饭。广大日本国民对位居日本经济界之首的大人物的俭朴生活感到吃惊，同时也重新认识到节俭的重要性。土光致力于以根除浪费为目标的行政改革，这种身体力行、一丝不苟的姿态让人们深为感动。因为这次节目，“咸鱼干先生土光”这一形象深入人心。

受“咸鱼干先生土光”这一深刻印象的影响，土光给人一种俭朴、节约的印象。土光的勤俭节约，与其能在经济危机、经营危机面前给出合适、合理的方针亦有着密不可分的关系。

不过，要想准确理解土光的经营思想，就像在石川岛重工业和东芝的经营重建过程中看到的那样，要从总体上把握三个方面：（1）贯彻合理化；（2）提出长期愿景；（3）激发活力。贯彻合理化虽然是土光敏夫经营思想中不可或缺的要素，但这一点并非其经营思想的本质。

描绘长期愿景

土光敏夫经营思想真正的价值体现在，他在危机面前绝不停留在眼前的对症治疗，而是采取能够实现长期发展的根本性解决对策。

土光无论是在石川岛重工业和东芝的经营重建过程中，还是在石油危机后为拉动日本经济走向新生的过程中，都绝不停留在眼前的合理化对策，他还通过向人们展示未来的愿景来鼓舞人心，作为“财界名医”发挥了重要的作用。土光提出的长期愿景大多都是建立在研究开发和提升技术实力的基础上，从中可以看出“土光涡轮机”的气魄。

PHP 研究所于 2002 年出版发行的《土光敏夫的哲学——严于律己、坚守信念》介绍了土光敏夫关于未来愿景所做的阐释。

> 要想成为富有创新性的企业，必须要有愿景。面向未来，要明示企业在社会上存续的意义，这就是愿景。职工通过愿景，发现自己在集体中的意义，由此得到自我实现。
>
> 我曾经收到过一封就职于我们工厂的女职工写的信，信中有这样一段话：
>
> 此前我从事着单纯的业务，平淡地度日。某天，我从上司那里听到了公司的长期计划，我才知道我们要把工厂建成世界一流的发动机工厂，上司说让我也参与进来。这是我头一回感到自己的工作有多么了不起。
>
> ——出自《诸君！》1979 年第 3 期

土光经营思想的本质是在认真面对各种问题的同时，向人们描绘出长期愿景。其实，不如说正是因为有了长期愿景，才能恰当地应对短期的问题。公司的这种经营姿态可能会感动每一位职工。上述女职工的事例就很好地说明了这一点。

激发活力

土光敏夫经营思想的第三个关键是激发活力。在回顾土光人生历程的时候，你会发现，他总是充满活力地行动，这一点让人惊叹不已。可以说，土光将这一精神贯彻自己的一生。这种精神是他在关西上中学时从校长那里学到的。

86 岁时，土光还接受了临时行政改革推进审议会会长的职务，这种气魄和勇气是从哪里来的呢？根据《土光敏夫的哲学》，土光是这样说的：

> 让我自己来讲，活力可以用下面的公式表示出来。
> 活力 = 智力 ×（毅力 + 体力 + 速力）

活力并不单纯是体力，智力是活力的基础。知识和技术的重要性自不待言，但是，对于活力来说，智力只是必要条件，并非充分条件。

所谓的充分条件，是将该智力转化为成果的行动力。对于行动力来说，重要的因素是毅力、体力和速力。毅力是想法、耐性、干劲的源泉。体力的重要性亦不能忽视。相对于工作的内容，速力意味着重视时机。①

在此，我将活力等同于智力和行动力的乘积，进而把行动力分解为毅力、体力和速力。毅力和体力不必赘言，但他将速力解释为“速力意味着更重视时机”，这样的解释非常耐人寻味。从中可以强烈地感受到土光在极力避免受工作内容影响不能做出决断或错过决断时机等问题。

在这里，不能忽视的是土光充满活力的行动绝对不是只激发自己的活力、试图通过个人的努力或能力打破局面，他在重建东芝的时候，非常重视激发组织的活力。他非常重视激发自己所属组织全体成员的活力。

要想让日本经济和日本企业走向新生，应该从土光敏夫经营思想中学习的要点，就是提出长期愿景和激发活力，而不只是将土光的经营思想框定在基于勤俭节约的“贯彻合理化”。愿景和活力才是最重要的。

---

① ［日］土光敏夫 :《经营的行动指南》，产能大学出版社，1987 年。

危机的本质和走向新生的愿景

给出合理解释的必要性

在本节中，我们将目光转向让日本经济和日本企业走向新生的愿景。要想描绘出清晰的愿景，就必须正视日本经济究竟出了什么问题。

关于 20 世纪 80 年代以来日本经济的转变，要给出统一的解释，绝非易事。这是因为，能解释 80 年代以前"成功"的道理，大多数无法解释 90 年代以后的"失败"；能解释 90 年代后"失败"的道理，大多数又无法解释 80 年代以前的"成功"。

今天，要想明察日本的经济和企业所面对问题的全貌，并且给出解决问题的途径，合理地解释日本经济的"成功"和"失败"非常重要。在此，我们将考察被称为"失去的十年"，即 20 世纪 90 年代日本经济面临的危机的本质。

危机的本质——两个积累

众所周知，20 世纪 90 年代日本发生经济危机的直接原因，从公司角度来看是因为债务的积累，从银行角度来看是因为不良债权的积累。这两个积累是由于公司欠缺金融方面的专业知识和银行欠缺监控公司的能力而造成的。

20 世纪 80 年代，因主要产业的强大国际竞争力，日本的对外贸易长期出超，贸易盈余不断增加，大量资金流入日本的金融市场。在这种形势下，许多公司开始将通过银行筹集资金的方法转为采用权益融资 (equity finance)。这种转换在 80 年代后半期的泡沫经济时期开始显现威力。在资本运营方面，“理财技巧”这一词语成为日本实业界最为重要的关键词之一。

但是，金融方面专业知识的欠缺招致了灾祸的发生，众多公司的理财技巧以失败告终。其中的典型事例，就是 1997 年东京食品公司陷于破产，以及 1998 年养乐多 (Yakult) 出现重大损失。这两家公司的主业业绩良好，却因金融部门出现投资失败而给整个公司带来沉重打击。金融投资的失败成为众多公司债台高筑的原因。

另一方面，银行为了摆脱资金不断流入金融市场和企业依赖间接融资的局面，必须寻找新的贷款对象。其结果就是银行没进行必要的调查就进行了以土地为抵押的高风险融资。这种高风险融资在90年代初期泡沫破灭之后，招致了大量不良债权的产生。

由上述内容可知，20世纪90年代开始凸显的日本的危机是由以下三个方面的原因引发的：

（1）许多企业由于贸易顺差而资金过剩；

（2）企业缺乏金融方面的专业知识；

（3）银行监控企业的能力欠缺。

其中，第一个原因在日本经济史上还属于比较新鲜的现象。自明治时期工业化开始起步，到生产系统出现革新的20世纪60年代中期，日本经济几乎一直深受贸易收支赤字的困扰。

如果用比喻来说，20世纪90年代在日本发生的危机就是“暴发户的危机”。长年因资金不足而困扰的日本经济，对于突然到手的大量资金不知所措，在东跑西窜的过程中掉进了陷阱。

但是，对于第三个原因，日本的银行对企业的监控能力欠缺，笔者的观点与青木昌彦等人提出的主银行体制理论以及相机治理理论完全相反。青木昌彦等学者认为，日本的主银行制拥有卓越的监控能力。

我们必须正视的是，青木等学者高度评价主银行监控能力的依赖型治理理论，自1997年日本的金融机构接连破产后，影响力迅速消失。如果真如青木等学者所说的那样，那么监控能力卓越的主银行为什么在20世纪90年代深陷于大量不良贷款之中呢？他们根本无法自圆其说。

关于日本的主银行，其实在日本进入泡沫经济很久之前的经济高速增长时期，其监控功能就没能充分发挥。这与青木等学者的论证相反。

此前的研究清楚地表明，从本质上来讲，20世纪90年代日本的危机并非整个经济系统（或是整个企业系统）的危机，而是金融系统（或是企业的融资系统）的危机。在90年代，考虑到日本的经常收支巨额盈余依然持续，可推测当时只是金融系统深陷于危机之中，生产系统仍然维持着健康状态。

如果是这样的话，那将生产系统和金融系统一并审视，认为日本的经济系统和企业系统直到20世纪80年代是“成功”的，但在90年代以后就“失败”了，这种见解是不准确的。

从实际情况来看，我们应该得出这样的结论：从经济高速增长期至20世纪80年代，再到90年代以后，生产系统都是“成功”的；从经济高速增长时期至20世纪八九十年代以后，金融系统一直都是“失败”的。只有建立这种正确的历史认识，才能将1990年前后的情况进行全面综合性的论述。

基本方案和疑问

20世纪90年代日本面对的危机从本质上来讲是金融系统的危机，即使是在“失去的十年”期间，生产系统仍然保持健康运转。这一观点如果成立，那么日本经济、日本企业走向新生的基本方案，就是改革金融系统、维持生产系统。

下面我们将对这一基本命题的合理性进行考察，并将日本经济、日本企业走向新生的方案具体化。

针对改革金融系统和维持生产系统这一处方，可能会有人提出以下的反驳和疑问：

> 金融系统与生产系统有着密不可分的关系，将两者分割开来处理真的可能吗？

而且，即使可以将两者分开处理，还是会有人提出以下三点疑问：

（1）怎样改革金融系统？

（2）就算日本的生产系统是健全的，应该维持下去，但是，日本的制造业在面对以中国为首的东亚国家的追赶时，难道能避免产业的空心化吗？

（3）日本经济中服务业的比重加大，制造业的比重不断下降，生产系统的重要性也因此日益下降。就算再强调要维持生产系统，不也没有什么意义吗？

接下来，我将回答疑问，将日本经济、日本企业走向新生的方案具体化。

“制度上互补论”的局限

针对改革金融系统和维持生产系统这一处方，在这两个系统之间存在着相互依存的关系，难以做到只对其中的一方进行变革。可能有人会从“制度上互补论”的立场提出反对意见，即金融系统与生产系统有着密不可分的关系，将两者分开处理是不可能的。

但是，这一反对意见忽略了战后日本的经济史和经营史。在此特举两个例子来说明。

一、20 世纪 60 年代开展生产系统改革的历史经验。

战后，日本基于 1949 年的《外国汇兑及外国贸易管理法》和 1950 年的《关于外资的法律》，长期推行进口统管和外资管制。但是，随着日本逐渐变成经济大国，废除这些管制，转变成开放型经济体制，成为其在国际关系方面难以避开的课题。

1964 年，日本成为国际货币基金组织第八条款国并加入经济合作与发展组织，日本摆脱了进口统管和外资管制，快速进入开放型经济体制。这是划时代的历史事件。在此前后，日本从 1960 年开始真正推行外贸和外汇交易自由化，从 1967 年开始推行资本交易自由化。

转为开放体制之际，日本国内宣扬外国商品和外资的威胁，将贸易自由化和资本交易自由化视为“第二次黑船来航”的论调甚嚣尘上。在众多的日本企业中，抱有强烈危机感的劳资双方，为了公司的生存，同心协力、积极致力于劳动生产率的提高。神户制钢、松下电器、小松制作所、丰田汽车、日本人造丝等纷纷组成品质管理小组。

为应对贸易、资本交易自由化的危机，劳资共同积极开展提升劳动生产率的活动，以及发展与之密切相关的大规模投资。20 世纪 60 年代，日本主要产业的国际竞争力明显增强，日本的贸易收支由此前的赤字转为盈余，在进入 80 年代后，出现出口超过进口的局面。

在 20 世纪 60 年代，情况发生改变的关键在于生产系统的改变。这一时期，日本企业依赖银行提供融资的间接金融机制没有出现大的变化。60 年代的经验充分表明，在维持金融系统运转的同时，改革生产系统是完全有可能的。

二、丰田汽车在企业融资方面的改革。

在 20 世纪 70 年代发生两次石油危机以后，丰田汽车在筹集资金方面逐渐减少了对银行融资的依赖，积累了依靠自有资本进行资金筹集的专业知识。该公司在积极推行企业融资改革的同时，一直坚持了“丰田生产系统”。丰田的事例充分表明，在维持生产系统的同时，对金融系统进行改革是完全能够做到的。

这两个事例清楚表明了“金融系统与生产系统有着密不可分的关系，将两者分割开来处理是不可能的”这一结论不成立。

在构成日本经济系统的各个次级系统之间，某种程度的“制度上互补”在发生作用的确是事实，但也不能忽视其中存在着某种程度的局限性。金融系统与生产系统的相互依存关系是有局限性的，过度强调两者的密不可分容易让人产生误解。

换言之，那就是将两者分割开来处理是完全可能的，改革金融系统和维持生产系统这一处方是完全可行的。

获得权益融资专业知识

下面笔者将逐一回答前面的三个问题，具体阐述日本经济、日本企业走向新生的方案。

首先是关于如何改革金融系统的疑问。

在这一点上，最重要的是公司要掌握权益融资的专业知识。在泡沫破灭后的20世纪90年代至21世纪初的日本，人们经常谈论丰田汽车、伊藤洋华堂集团（包括7-11日本公司）、索尼、任天堂等十分优秀的企业。不过，这些企业不仅在主业上获得了成功，还有一个共同点，那就是在企业融资方面实现了创新，获得了权益融资的专业知识。

金融业改革

关于如何改革金融系统这一疑问，不仅要针对每个公司的不同情况给出回答，还必须针对每个金融机构的不同情况给出答案。在这个方面，最重要的举措就是要推进金融业的改革，确立两大支柱：一是拥有极具国际竞争力的综合性银行；二是发挥具有严密监控能力的地方版主银行系统的作用。

所谓综合性银行，是指能满足大企业权益融资需求，能同时从事银行业务及证券业务的银行。

1998年，在日本兴业银行主动提出要与野村证券合作的时候，人们对日本可能诞生像美国投资银行那样的综合性银行抱有很高的期望。令人遗憾的是，这一合作没能实现，日本兴业银行与富士银行以及第一劝业银行合并，于2000年成立了瑞穗金融集团，走上超大型银行路线。当时超大型银行的证券业务和国际业务较为弱势，根本不可能成为综合性银行。后来，随着在日本首次公开发行新股（Initial Public Offerings，IPO）等权益融资需求的不断增加，综合性银行才陆续出现，但抓住商机的大都是外资金融机构。而且，在这些外资金融机构中，从日本兴业银行流出的众多优秀人才发挥了非常重要的作用。

地方主银行系统是为了满足中小企业和拥有创业想法的人的融资需求。

与大企业的情况不同，即使在今天，中小企业的银行贷款占资金筹集总额的比重依然很大。想要创业的人也面临着同样的情况。要想满足这些贷款需求，银行有必要在一定的地域内锁定目标，发挥其细致的监控能力。中小企业与金融机构之间应该结成长期且密切的合作关系，也就是要形成地方主银行系统。

高附加价值化和国际分工

下面是针对产业空心化的疑虑提出的不同意见。

从结论来讲，产业空心化这一看法未必是正确的。受“失去的十年”的影响，2002 年版的《中小企业白皮书》（日本中小企业厅编）指出，“（20 世纪 90 年代的经济不景气）导致技术实力下降，降低我国产业竞争力”。笔者认为，直至今日，这种意义上的“空心化”仅仅出现在很有限的范围内。

一说起产业空心化，人们经常将日本企业前往中国开展投资而产生的影响视为严重的问题。表 6–1 给出了

1988—2017 年间日本与中国大陆及中国香港的贸易收支情况。

由该表可以看出，在这一时期与中国大陆的贸易中，日本的贸易收支一直呈现赤字状态。但是，把目光转向日本与中国香港的贸易，你会看到日本一直呈贸易盈余状态，并且盈余额在大多数年份都超过了日本与中国大陆之间贸易的日方赤字额。从结果来看，日本与中国大陆以及中国香港之间的贸易收支，除去 2001 年、2012—2016 年之外，日本都出现了贸易盈余。

表 6-1 日本与中国大陆和中国香港间的贸易收支（日本海关统计）

单位：亿日元

年份	与中国大陆的贸易（A）			与中国香港的贸易（B）			与中国大陆和中国香港的贸易（A+B）		
	出口额	进口额	收支	出口额	进口额	收支	出口额	进口额	收支
1988	12 139	12 642	−503	15 000	1 833	13 167	27 139	14 475	12 664
1989	11 647	15 343	−3 696	15 818	1 799	14 019	27 465	17 142	10 323
1990	8 835	17 299	−8 464	18 875	2 265	16 610	27 710	19 564	8 146
1991	11 568	19 137	−7 569	21 979	2 783	19 196	33 547	21 920	11 627
1992	15 103	21 448	−6 345	26 257	2 591	23 666	41 360	24 039	17 321
1993	19 113	22 780	−3 667	25 249	2 214	23 035	44 362	24 994	19 368
1994	19 137	28 114	−8 977	26 322	2 193	24 129	45 459	30 307	15 152
1995	20 620	33 809	−13 189	25 996	2 570	23 426	46 616	36 379	10 237
1996	23 824	43 997	−20 173	27 600	2 801	24 799	51 424	46 798	4 626

续表

年份	与中国大陆的贸易（A）			与中国香港的贸易（B）			与中国大陆和中国香港的贸易（A+B）		
	出口额	进口额	收支	出口额	进口额	收支	出口额	进口额	收支
1997	26 307	50 617	−24 310	32 978	2 721	30 257	59 285	53 338	5 947
1998	26 209	48 441	−22 232	29 492	2 263	27 229	55 701	50 704	4 997
1999	26 574	48 754	−22 180	25 072	2 032	23 040	51 646	50 786	860
2000	32 744	59 414	−26 669	29 297	1 797	27 500	62 041	61 211	831
2001	37 637	70 267	−32 630	28 260	1 770	26 490	65 897	72 037	−6 140
2002	49 798	77 278	−27 480	31 764	1 780	29 984	81 562	79 058	2 504
2003	66 355	87 311	−20 956	34 552	1 558	32 994	100 907	88 869	12 038
2004	79 942	101 990	−22 048	38 309	1 758	36 551	118 251	103 748	14 503
2005	88 369	119 754	−31 385	39 685	1 734	37 951	128 054	121 488	6 566
2006	107 937	137 844	−29 907	42 390	1 768	40 622	150 327	139 612	10 715
2007	128 390	150 355	−21 965	45 717	1 704	44 013	174 107	152 059	22 048
2008	129 499	148 304	−18 805	41 778	1 613	40 165	171 277	149 917	21 360
2009	102 356	114 360	−12 004	29 751	1 029	28 722	132 107	115 389	16 718
2010	130 856	134 130	−3 274	37 048	1 334	35 714	167 904	135 464	32 440
2011	129 022	146 419	−17 397	34 198	1 230	32 968	163 220	147 649	15 571
2012	115 091	150 388	−35 297	32 762	1 214	31 548	147 853	151 602	−3 749
2013	126 252	176 600	−50 348	36 513	1 564	34 949	162 765	178 164	−15 399
2014	133 815	191 765	−57 950	40 393	1 765	38 628	174 208	193 530	−19 322
2015	132 236	194 288	−62 052	42 360	2 274	40 086	174 596	196 562	−21 966
2016	123 614	170 190	−46 576	36 515	2 123	34 392	160 129	172 313	−12 184
2017	148 897	184 593	−35 696	39 741	2 046	37 695	188 638	186 639	1 999

日本与中国大陆以及中国香港之间的贸易收支在 2012—2016 年出现了赤字，此后的进展暂时无法预判，但观察 1988—2017 年这段时期中日两国的贸易动向，日本没有出现“导致技术实力下降，降低我国产业竞争力”的那种单纯的“空心化”。

自 20 世纪 90 年代以后，具有高附加价值的零部件从日本经由中国香港出口到中国大陆，在中国大陆组装之后再出口到日本。在中日两国之间，这一形式的贸易迅速扩大。与其说是在日本出现了产业空心化，不如说是日本的国际分工在不断深化。不过，大多数的日本企业并不直接向中国大陆出口高附加价值的零部件，而是经由中国香港向中国大陆出口。这是因为日本企业通过此举可以利用香港作为中转贸易港带来的优势，降低贸易风险。

换言之，将高附加价值的零部件经由中国香港从日本向中国大陆出口，在中国大陆组装好这些零部件后，再将成品出口到日本，日本—中国香港—中国大陆之间的这种“三角贸易”不断发展，这是近年来中日贸易的实际情况。包括中国在内的东亚的经济发展，与日本制造业的发展并不冲突。

除了中国企业之外，拥有巨大发展潜力的东亚各国的企业与日本企业之间也正在形成具有经济合理性的国际分工。这种分工如果横向拓宽、纵向渗透的话，就能减轻对于产业空心化的担心，这对于日本经济和日本企业走向新生来说具有非常重大的意义。

要想在东亚各国之间构建合理的国际分工，将高附加价值工序布局在日本国内是非常重要的前提条件。笔者强烈建议日本的制造业要深入参与与产品高附加价值化密切关联的国际分工。

制造业与服务业的新结合

最后，针对提出经济服务化予以回应。

今后在日本，经济的服务化也将不断向前推进，这是毋庸置疑的。但是，日本企业可以采取以下两种办法来应对：一是制造业与服务业的新结合；二是开拓立足于居民需求的服务业和流通业。

关于第一种办法，高冈美佳于2003年指出了以下四点：

一、经济服务化是发达国家共有的国际现象。从就业人口来看，日本第三产业的比重低于美国、英国、法国，经济服务化发展的空间还很大。

二、在经济持续繁荣的 20 世纪 90 年代，美国出现了服务业带动就业人口的增加、制造业拉动经济增长的特殊现象。

三、出现上述特殊现象的原因之一，是美国的制造业在将制造业与服务业相融合，同时将企业战略向扩大收益的方向倾斜。

四、即使在日本，充分利用外包也能促进服务业的发展，还能实现依靠服务业拉动就业和依靠制造业拉动经济增长。

高冈在指出上述事实的同时，也提出了对未来的预测，那就是受到劳动市场的僵化和对外包的制约等影响，上述内容在日本并不容易取得进展。虽说如此，基于高冈的意见，可以看出经济服务化的进展与制造业的发展并不矛盾。在附加价值生产率高的制造业与吸收就业能力强的服务业之间，还会产生一种协同效应。

如果能够将拥有国际竞争力的生产系统与服务业重新结合起来，无疑会对日本经济和日本企业走向新生产生重大意义。将制造业与服务业进行重新结合获得巨大成功的事例，有依靠发那科（FANUC）来扩充维修保养事业以及依靠小松集团来实现设备运转管理系统的运营等。

开拓立足于居民需求的服务业和流通业

开拓立足于居民需求的服务业和流通业，与维持生产系统并无直接关系，但是，为了促进日本经济和日本企业走向新生，却是必不可少的。

日本的市场无论是从规模，还是从精细程度来看，都已达到世界级水准，其中潜藏着各种各样的居民需求。开拓满足这些需求的商业模式，服务业和流通业就有可能获得迅猛发展。

在“失去的十年”里取得了令人瞩目业绩的 7-11 日本的连锁便利店、大和运输的宅急送、通过售前包装解决了生鲜食品自助销售这一棘手问题的关西超市、代办车票、机票、住宿等业务的 H.I.S. 的协助旅行、提供无线通信服务的 NTT DOCOMO 等，都是非常典型的事例。

美国的创新通常源于军需，但近年来日本的创新基本上都是源于民需。

五个走向新生的方案

本节论述了让日本经济和日本企业走向新生的愿景，

并提出了走向新生的方案——改革金融系统和维持生产系统。在此基础上，我们可以将这一命题分解为以下五个重要方面：

（1）公司要掌握权益融资的专业知识；

（2）推进金融业的改革，确立两大支柱，即拥有极具国际竞争力的综合性银行和发挥具有严密监控能力的地方主银行系统；

（3）制造业要结合高附加价值化，深化国际分工；

（4）实现制造业与服务业的新结合；

（5）开拓能够让潜藏在市场中的居民需求凸显出来的服务业和流通业。

要想让这些办法得到落实，其前提条件就是日本企业要切实开展必要的投资。这就要求企业必须克服投资抑制机制的问题。

新型日本式经营

重构日本式经营

要想让长期低迷的日本经济走向新生，需要每一家企业都制定出明确的发展战略，在中长期内让股东利益（股价上涨）和职工利益（待遇改善）保持一致。企业通过开展正确的投资，实现发展，股东利益和职工利益就不再是对立关系，这样才能同时达到股价上涨和待遇改善的目的。也有人认为，在人口不断减少的日本难以推行发展战略，但如果把目光转向世界、将事业拓展到全球，企业找到适合自己的发展战略还是有很大可能性的。

要想在中长期让股东利益与职工利益保持一致，就要重新构建日本式经营。不过，重新构建日本式经营并非单纯地回到原来的状态。为了让每一位职工安心工作，就要保持长期雇用的制度不变。另一方面，为了调动每一位职工的积极性，要对论资排辈的制度进行根本性改革，根据实力决定职工的薪酬待遇。

日本式经营必须从长期雇用和论资排辈并存的旧型日本式经营转变为将重点放在长期雇用，而不是放在论资排辈上的新型日本式经营。

在泡沫经济破灭之后的日本，站在长期的视角正确地开展必要投资的并非经营者企业，而是资本家企业和创业者企业。但是，说到底，日本的大企业多数为经营者企业。只有在经营者企业里克服投资抑制机制，从长期的角度出发，正确地开展必要的投资，日本经济走向新生才能成为现实。

从这种意义来看，可以说日本经济走向新生的关键，就是在经营者企业里重建日本式经营。当确立了新型日本式经营的经营者企业从长期的视角开展正确的投资、将事业面向全球拓展的时候，日本经济才能真正走向新生。

土光敏夫的“重担主义”和新型日本式经营

要想让日本经济走向新生，必须重建日本式经营。重建日本式经营，要从长期雇用和论资排辈并存的旧型日本式经营转变为将重点放在长期雇用，而不是放在论资排辈上的新型日本式经营。在推行了新型日本式经营的企业，职工们都会充满激情地工作。

在面临危机之际，要想从根本上解决问题，就必须有放眼未来的长期愿景。这正是我们应该从土光的经营思想中学习的重点之一。此外，我们也应该向土光学习如何激发员工的活力。

土光要求激发企业中每一位成员的活力，这是因为信任每一位成员，要对每一位成员的成长潜能有坚定的信心。正因为如此，作为经营者，土光在企业经营的过程中一直强调“重担主义”，要求下属勇挑重担。那么，所谓“重担主义”究竟是指什么呢？土光做了如下说明：

> 我信奉人必须超越其能力来工作这一重担主义。如果这个人能扛得起 100 公斤的东西，就让他扛 120 公斤；如果他能扛 120 公斤，就让他扛 140 公斤。把人置于其能力之下工作是一种罪恶。所谓尊重人，是指让人们勇挑重担，提高他们的创造性。
>
> 只有做了之后，才能体会到做事的价值、工作的意义。既不做事，也不工作，怎么才能得到那种愉悦呢？活着的价值也大抵如此吧，只有竭尽全力地活着，才能体会到活着的喜悦。

让员工们轻松得像玩一般轻松赚到钱的经营者，可以说是不尊重人的经营者。

不过，仅仅在口头上说“好好工作”“拿出更大的创造性来”也谈不上是负责任的行动。为员工提供岗位和良好的工作条件是经营者的职责。能做到百分之百地移交权力，也是为别人提供岗位的一个办法。还有一个办法，那就是量才录用、人尽其才的人员配置，这是经营者最难办的事情之一。论资排辈制度、专业岗位制度的不完善等都是量才录用的障碍。

因此，我采取了毛遂自荐和公司内部公开招聘的办法。①

土光的上述看法，与新型日本式经营的做法有异曲同工之妙 。新型日本式经营将重点放在长期雇用上，是要让员工安心和提高员工的归属意识，为员工们提供认真工作且能不断获得成长进步的环境。另一方面，新型日本式经营不把重点放在论资排辈上，是要让员工明白，努力工作就能得到相应的回报。激发活力作为土光经营思想的一个重要方面，也发挥着支撑新型日本式经营基础的重要作用。

---

① ［日］土光敏夫:《土光敏夫〈我的简历〉》，日本图书中心，2012 年。

后　记

日本经营史

本书基于正确的历史观和大局观，对从江户时代末期至今的日本经营史进行了研究。其中主要围绕两个问题：一是日本经济起步早、成长快，但为什么此后便黯然失色了？二是过去肩负日本经济成长使命的人是谁，而现在又有谁？

经过深入研究，关于日本经济的三个论点便成为焦点：

（1）是谁实现了较早起飞并步入发展正轨？

（2）是谁实现了长期高速发展？

（3）为什么黯然失色了？应该如何走向新生？

正像本书的序章中所阐述的那样，所谓应用经营史，是指“通过研究经营史，分析产业发展和企业发展的动力，即主导产业和企业发展的力量，在此基础上给今天相关产业和企业面临的问题以解决对策”。如果从应用经营史的方法来看，综观日本经营史时，最重要的论点无疑就是以上提到的第三个论点，即：“为什么黯然失色了？应该如何走向新生？”

从应用经营史看来，要采取以下四个工作步骤：

（1）理清面临问题的产业和企业所处的历史背景；

（2）根据历史背景找出问题的本质；

（3）找出解决问题的动力，发现该产业和该企业内在的发展动力（在大多数情况下都没有显露出来）；

（4）顺着上面（1）—（3）的工作，尽可能具体地展望解决该产业和该企业所面临问题的途径。

在本书的最后，我们将讨论的重点放在日本企业上，对“为什么黯然失色了？应该如何走向新生？”这一问题按照应用经营史的工作步骤进行考察。

首先，关于问题发生的历史背景。

在此，值得注意的是日本企业与全球市场的关系发生了历史性的变化。20 世纪 90 年代以后，日本企业处于发达国家的突破性创新和后发国家的破坏式创新的夹击下。

日本企业以“丰厚的日本市场”为目标，通过渐进式创新实现了长期发展，形成了一定的国际竞争力，但是这一机制由于两个原因而不再适用了。

一方面，由于日本转入人口负增长社会，日本市场只会日渐缩小，已经不再是“孕育成长的母体”。另一方面，由于突破性创新和破坏式创新的发展，按照每个国家来划分市场的模式正在失去意义。

在回顾日本经营史的时候，我们注意到在日本与全球市场的关系发生变化的时候，都曾发生过重大危机。无论是在因“黑船来航”开港、日本社会首次与资本主义世界遭遇的江户时代末期，还是在被称为“第二次黑船来航”的贸易自由化和投资自由化的20世纪60年代，都是如此。就像在第五章讲到的那样，日本经济由成功转向失败的契机是1985年的“广场协议”带来的日元迅猛升值。

其次是关于问题的本质。

既然日本市场的日益萎缩已经成为事实，那么，日本企业只能通过在全球展开正面应战来寻找活路，要同时攻占日渐扩大的低端市场和确保收益的高端市场。但是，已经丧失长期战略眼光的日本企业，一直懈怠推行作战所必需的投资。“为什么黯然失色了”这一问题的本质也正在于此。

在“失去的十年”里，日本经济和日本企业面对的充其量是金融系统危机这一局部的危机，生产系统仍维持着健全状态。但是，将局部的危机错误地理解为全局性危机的日本企业完全丧失了自信，将重视股东利益与追求短期利益混为一谈，忽略了日本式经营所具有的长处在于拥有长远的眼光。

再次是关于解决问题的动力。

即使是现在，解决问题的动力说到底还是靠民营企业的活力。由资本家经营者和专家型经营者以及出资人经营者引领的民营企业打破了由江户末期开港带来的国家存亡的危机局面，完成工业革命，日本作为后发国家较早地实现了经济增长。拉动了日本从第一次世界大战前后一直持续到20世纪80年代的长期经济增长的，是属于经营者企业的大企业和属于资本家企业的大企业，以及属于资本家企业的中小企业。

与此相反，从总体上来看，政府对于经济增长的贡献仅仅起到了补充作用。今后，在日本企业不断向全球拓展的情况下，日本政府的作用基本上只能在国内发挥，与以往相比，将更加受限。

最后，是解决问题的途径。

关于这一点，在第六章中提出的方案具有重要的意义。

（1）公司要掌握权益融资的专业知识；

（2）推进金融业的改革，确立两大支柱，即拥有极具国际竞争力的综合性银行和发挥具有严密监控能力的地方主银行系统；

（3）制造业要结合高附加价值化，深化国际分工；

（4）实现制造业与服务业的新结合；

（5）开拓能够让潜藏在市场中的居民需求凸显出来的服务业和流通业。

不过，要想落实这些内容，日本企业必须拥有长期的眼光，摆脱抑制投资的机制，按照正确的发展战略开展投资。

如果日本企业能够按照正确的发展战略开展投资，就能带来持续的股价上涨和劳动条件的改善，再次让股东利益和职工利益保持一致。那样的话就能再次显示出日本式经营的优点，我们看到的也绝不是单纯的旧型日本式经营的复活。

日本式经营必须从长期雇用和论资排辈并存的旧型日本式经营转变为将重点放在长期雇用的新型日本式经营上。